LE JOURNAL D'UNE GRISETTE

COMÉDIE-VAUDEVILLE EN TROIS ACTES,

PAR MM. CORMON ET GRANGÉ,

REPRÉSENTÉE POUR LA PREMIÈRE FOIS, A PARIS, SUR LE THÉATRE DES FOLIES-DRAMATIQUES, LE 22 DÉCEMBRE 1847.

DISTRIBUTION DE LA PIÈCE.

BALANDIER	MM.	HEUZEY.
ERNEST, son fils		ANATOLE.
ISIDORE, id.		A. VILLOT.
LE COMTE DE VARENNES		GASTON.
UN DOMESTIQUE		DESQUELS.
LA COMTESSE DE PONT-VOLANT	Mmes.	HOUDRY.
VALÉRIE, sa nièce		R. DEBROU.
DÉSIRÉE, jeune ouvrière		M. CHARLET.

La scène se passe, les premier et troisième actes, à Châtillon-sur-Seine, dans la manufacture de Balandier; au deuxième acte, dans son hôtel à Paris.

NOTA. — La mise en scène est prise à la droite du spectateur, les changements de scène sont indiqués par des renvois au bas des pages.

1848

ACTE I.

Le théâtre représente un salon de réception, à la campagne. Porte au fond. Rideau de jardin. A droite, le cabinet de Balandier, à gauche, aussi au deuxième plan, un couloir conduisant à un des ateliers de la fabrique.

SCÈNE I.

BALANDIER, DOMESTIQUES.

BALANDIER, *sortant de son cabinet, aux domestiques qui mettent le salon en ordre.*

Eh! bien, mes amis, tout est-il prêt?... l'appartement de la future est-il en ordre?

UN DOMESTIQUE.

Oui, monsieur, tout sera fini dans un instant. (*Ils sortent par le fond.*)

BALANDIER.

Enfin!... voilà donc le grand jour arrivé! Ce soir, mon Ernest, mon fils, sera l'époux d'une des plus nobles héritières du faubourg Saint-Germain! ah! c'était toute mon ambition, c'était mon rêve... Encore quelques heures... il sera réalisé! (*Regardant la pendule.*) Mais il est déjà tard!... trois heures!... Et Ernest qui ne revient pas de Paris!... Et son frère... Isidore?... Je parie qu'il est encore dans les ateliers!... Sortez-le de sa filature, il n'est bon à rien... Et pendant que je m'occupais du contrat, il n'aurait pas seulement donné un coup d'œil aux préparatifs. (*Isidore arrive par le côté à gauche, deuxième plan, en chantant :*)

SCÈNE II.

BALANDIER, ISIDORE, *en tenue de travail avec du coton sur ses habits et dans ses cheveux.*

ISIDORE.

Gai!... gai!
Mariez-vous! (*S'arrêtant au fond.*)

Campo! à tout le monde, pour le restant de la journée! (*Entrant et chantant :*)

C'est donc ce soir que l'hymen les engage!

BALANDIER, *avec humeur.*

Là!... j'en étais sûr!...

EN VENTE : **MADEMOISELLE DE LA SEIGLIÈRE**, par Jules Sandeau, 2 vol. in-8° . . . . 15 fr.

BIBLIOTHÈQUE DRAMATIQUE

Théâtre moderne. — 2e Série.

Le
Journal d'une Grisette

EN VENTE. — PIÈCES NOUVELLES.

La Dernière Conquête, com.-vaud. en 2 actes. . . 60 c.
Jérusalem, opéra en 4 actes. . . . . 1 fr.
Jérôme le maçon, comédie-vaudeville en 2 actes. 60 c.
Les Premiers pas, opéra-comique en 1 acte. . . . 60 c.
Gastibelza, drame lyrique en 3 actes. . . . . 1 fr.
Cléopâtre, tragédie de Madame de Girardin. . . . 1
Une Jeune Vieillesse, drame en 5 actes. . . . . . 60 c.
Jacques le Fataliste, comédie-vaud. en 2 actes. 60
Martin et Bamboche, dr. en 10 tabl., par E. Sue. 1 fr.
Le Chevalier d'Essonne, com.-vaudev. en 3 actes. 60 c.
Le Réveil du Lion, comédie-vaudeville en 2 actes. 60
Le Fils du Diable, drame en 6 actes. 60
Le Chevalier de Maison-Rouge, dr. en 5 actes. 1 fr.

MICHEL LÉVY FRÈRES, LIBRAIRES-ÉDITEURS
[illegible] d'Alexandre Dumas, format in-18 anglais, et du théâtre de Victor Hugo
RUE VIVIENNE, 1
PARIS. — 1848

LE PROSCRIT, opéra de Verdi. . . . . 1 fr.
LES DEUX FOSCARI, opéra de Verdi 1

EN VENTE : **MADELEINE**, par Jules Sandeau, 1 vol. in-8 . . . . 7 50
CARMEN, par Prosper Mérimée, 1 vol. in-8 . . . . 7 50

PIÈCES DE THÉATRE

PARUES DANS LA 2e SÉRIE DE LA BIBLIOTHÈQUE DRAMATIQUE, FORMAT IN-18 ANGLAIS.

Le Gant et l'Éventail, c.-v. 5 a. » f. 60
La Baronne de Blignac, v. 1 a. » 50
L'Inventeur de la Poudre, v. 1 a. » 50
Le Château des Sept-Tours, d. en 5 actes (épuisé). . . . . 2 »
Sport et Turf, vaud. en 2 actes. » 60
Le Docteur Noir, dr. en 7 actes. » 60
Charlotte, drame en 5 actes. . . » 60
Clarisse Harlowe, dr. en 5 act. . » 60
Madame de Tencin, dr. en 5 a. 5 »
Don Gusman, comédie en 5 act. » 60
Le Bonhomme Richard, v. 3 a. » 60
Gentil-Bernard, c.-vaud. en 5 a. » 60
Échec et Mat, drame en 5 actes. . 1 »
Un Mari qui se dérange, v. 2 a. » 60
La Closerie des Genêts, d. 6 a. » 60
Une Chambre à deux Lits, 1 a. » 50
Les Demoiselles de Noce, comédie-vaudeville en 2 actes. . . . » 60
Le Nœud Gordien, dr. en 5 act. » 60
Pierre Février, c.-v. en 1 acte. » 50
Gibby la Cornemuse, op.-c. 3 a. 1 »
Le Lait d'Anesse, c.-v. en 1 act. » 60
La Poudre-coton, revue en 5 a. » 60
Diable ou Femme, com. en 1 a. » 50
Un Mari fidèle, com.-v. en 1 act. » 50
Robert Bruce, opéra en 3 actes. 1 »
Marie, ou l'Inondation, dr. 5 a. » 60
Les Mystères du Carnaval, dr. en 9 tableaux . . . . » 60
Mademoiselle Navarre, v. 1 a. » 50
Trois Rois, Trois Dames, v. 3 a. » 60
Un Coup de Lansquenet, c. en 2 a. » 60
Irène, ou le Magnetisme, v. 2 a. » 60
En Province, comédie en 5 actes. » 60
Le Filleul de tout le monde, comédie-vaudeville en 4 actes. . . » 60
Le Fantôme, com.-vaud. en 1 a. » 60
La Reine Margot, dr. en 13 tabl. 1 »
Une Fièvre brûlante, c.-v. en 3 a. » 60
Bertram le Matelot, dr. en 5 act. » 60
Alceste, tragédie en 3 actes. . . . 1 f. »
L'Enfant de l'Amour, vaud. 3 a. » 60
Notre Fille est Princesse, dr. 5 a. » 60
La Reine Argot, parodie en 7 tabl. » 60
Palma, ou la Nuit du Vendredi-Saint, drame en 5 actes. . . . . » 60
Un Docteur en Herbe, c.-v. 2 a. » 60
La Loge de l'Opéra, dr. en 5 act. » 60
Ce que Femme veut, vaud. 2 a. » 60
Léonard le Perruquier, v. 4 a. » 60
Le Bouquet de l'Infante, o.-c. 3 a. 1 »
Un Coup de Vent, vaud. en 1 acte. » 50
Père et Portier, vaud. en 2 actes. » 60
Le Chiffonnier de Paris, drame en 5 actes et 12 tableaux . . . . 1 »
La Vicomtesse Lolotte, vaud. 3 a. » 60
Le Trottin de la Modiste, v. 2 a. » 60
Les Nuits blanches, v. en 3 actes. » 60
Les Etouffeurs de Londres, dr. en 5 actes. . . . . » 60
La Bouquetière, opéra en 1 acte. 1 »
Les Notables de l'endroit, c. 3 a. » 60
Robert Bruce, dr. en 5 a. en vers. » 60
Pour arriver, drame en 5 actes. » 60
Intrigue et amour, dr. en 5 act. et 9 tableaux, par Alex. Dumas. 1 »
Un Mousquetaire gris, v. en 2 a. 1 »
Le jeune Père, c.-vaud. en 2 a. » 60
L'Ecole des Familles, c. en 5 a. 1 »
Le Chirurgien-Major, v. en 1 a. » 50
Charlotte Corday, dr. en 5 actes. » 60
Le Chevalier de Maison-Rouge, drame en 5 actes et 12 tableaux . . 1 »
Les Deux Foscari, o. 4 a., de Verdi 1 »
Les Chiffonniers, vaudev. en 5 a. » 60
Léa, ou la Sœur du Soldat, d. 5 a. » 60
Le Fils du Diable, dr. 12 tabl.
Le Bonheur sous la main, v. 1 a. » 50
Rose et Marguerite, c.-v. en 3 a. » 60
Simon le voleur, dr. en 4 actes. » 60
Isabelle de Castille, dr. en 5 ac. » 60
Le Réveil du Lion, c.-v. en 2 a. » 60
Le Chevalier d'Essonne, com. vaudeville en 3 actes. . . . . . . » 60
Les Premiers beaux Jours, com.-vaud. en 3 actes . . . . . » 60
Regardez, mais ne touchez pas, comédie en 3 actes. . . . . . . » 60
Martin et Bamboche, d. 10 tabl. 1 »
L'Ordonnance du médecin, v. 1 a. » 50
Le Coin du Feu, com.-vaud. 1 a. » 50
Cléopâtre, tragédie en 5 actes. . . 1 »
Jacques le Fataliste, vaud. 2 a. » 60
Gastibelza, drame lyrique. 3 act. 1 »
Une jeune Vieillesse, dr. 5 act. » 60
Les premiers Pas, op. com. 1 a. » 60
Jérôme le maçon, com.-vaud. 2 a. » 60
Jérusalem, opéra en 4 actes. . . . 1 »
En Bonne Fortune, coméd. 1 a. » 50
Le Trésor du pauvre, dr. en 3 a. » 60
La dernière conquête, c.-v. 2 a. » 60

1re SÉRIE, FORMAT GRAND IN-8.

Richard Cœur de lion, opéra-comique en 3 actes. . . . . » f. 60
Le Proscrit, opéra de Verdi . . . 1 »
Le Serpent sous l'herbe, v. 2 actes. » 60
La Carotte d'Or, c.-v. en 1 acte. » 60
Les Frères Dondaine, v. en 1 a. . » 60
Juanita, com.-vaud. en 2 actes. . » 60
Philippe II, roi d'Espagne, dr. 6 a. » 60
L'Etoile du Berger, féer. en 14 t. » 60
Le Trompette de M. le Prince, opéra-comique en 1 acte. . . . 1 »
Le Petit-Fils, com.-v. en 1 acte. » 60
Le Jardin d'hiver, vaud. en 1 a. 1 »
Rocambolle le bateleur, v. 2 a. 1 »
Frisette, comédie-vaud. en 1 a. » 60
Les Mousquetaires de la Reine, opéra-comique en 3 actes. . . . 1 »
Le Roman comique, com-vaud. en 3 actes. . . . . » 60
La Famille Poisson, com. en 1 a. » 60
La Mère de Famille, v. en 1 acte. » 60
L'Enfant du Carnaval, v. en 3 a. 3 »
Don Juan, opéra en 5 actes . . . . 1 »
Monsieur de Maugaillard, comédie en 1 acte . . . . » 60
La Femme de mon Mari, vaudeville en 2 actes . . . . » 60
L'Inconsolable, vaud. en 3 actes. » 60
Le Gamin de Londres, drame-vaudeville en 3 actes . . . . . . » 60

ISIDORE.

Bonjour papa !

BALANDIER.

Pas encore habillé !... à quoi penses-tu, flâneur ?

ISIDORE.

Oh ! flâneur !... excusez !... j'étais à l'ouvrage au petit jour !

BALANDIER.

Il ne s'agit pas de l'ouvrage, mais du contrat de ton frère que l'on signe ce soir.

ISIDORE.

Ah ! ben... j'ai l'temps.

BALANDIER.

Mais songe donc que la future et sa tante vont arriver d'un moment à l'autre... et j'espère que tu ne recevras pas des grandes dames... dans ce costume-là.

ISIDORE.

Quoi ! qu'est-ce qu'il a donc ce costume-là ?

BALANDIER.

C'est désolant !... toujours le même caractère, toujours la mise et les manières d'un ouvrier.

ISIDORE.

Mais dam... qu'est-ce que je suis donc ?... un ouvrier enrichi... comme vous, papa, avec cette différence que vous qui êtes le bourgeois, vous êtes obligé d'avoir une toilette calfée pour recevoir et endoctriner la pratique... mais moi qui mets la main à la pâte, j'ne suis pas forcé de faire le *mosieu* et de pincer du lion comme petit frère... ah ! dam... lui, c'est une autre histoire... il était né pour les gants blancs et les bottes vernies.

BALANDIER, *avec fierté.*

C'est un joli cavalier, n'est-ce pas ?

ISIDORE.

J'crois bien !... et il vous a un bagout... une polissonne de platine !... c'est pas étonnant... il a été élevé dans les colléges, lui ; et puis il a fréquenté les salons, la belle société !

BALANDIER.

Ma fortune me permettait de l'y présenter.

ISIDORE.

Pardine !... les écus, ça ouvre toutes les portes !

BALANDIER.

Si tu ne vivais pas comme un ours... si tu nous accompagnais quelquefois dans le monde, tu aurais été témoin cet hiver des succès de ton frère... toutes les dames voulaient danser avec lui.

ISIDORE.

Ça chatouillait vot' petit amour-propre !

BALANDIER.

Les jeunes personnes le regardaient en chuchottant et les mamans lui faisaient des politesses à perte de vue.

ISIDORE.

J'crois bien !... le fils à M. Balandier, le plus riche fabricant de Châtillon-sur-Seine... un physique chicart... et 200 mille balles dans le gousset !

BALANDIER.

Chicart !... 200 mille balles !... si tu vas lâcher de ces mots-là devant ta belle-sœur et sa tante... devant la tante surtout... madame la marquise Hortensia de Pont-Volant... tout ce qu'il y a de plus distingué !

ISIDORE.

N'ayez donc pas peur, papa, on soignera son style, et puis quoi ! après tout, c'est pas moi qu'on épouse.

BALANDIER.

Vois-tu... Isidore, tu n'as pas d'élévation dans les idées...! tu es petit, tu es mesquin... tu moisiras dans le coton ! Regarde ton frère, notre Ernest, que tu devrais imiter, quoiqu'il soit ton cadet... voilà un gaillard qui fera bonneur à sa famille... qui l'illustrera... cette noble alliance qu'il va contracter, ne peut manquer de lui valoir des protections, des faveurs... et qui sait? peut-être un jour obtiendrai-je la décoration.

ISIDORE.

Vous visez au filet rouge ?

BALANDIER.

Mais dam !... C'est donc pour te dire que tu devrais tâcher de suivre nos traces.

ISIDORE.

Ecoutez donc, papa, quand vous m'avez mis dans le coton, les billets de banque ne flânaient pas dans vos poches... ça est venu, c'est vrai ; vous avez fait vot' pelotte !... mais il a fallu trimer dur, vous et moi, pour en venir là ! Aujourd'hui, vous n'êtes heureux que dans le beau monde... ça vous flatte d'emboîter le pas à des députés, à des pairs de France... c'est votre toquade... tant mieux !... moi, c'est pas la mienne !

AIR : *Alzan Henrion.*

J' suis gai comme un goujon
Qui saut' dans la friture
Quand j' quitt' la filature
Pour passer au salon !
Mais j' suis à mon affaire,
Je m' sens l'âme légère
Quand j' pioche à l'atelier
Comme un simple ouvrier !
Notre richesse augmente,

Par mes efforts nouveaux !...
Et tout le jour je chante } *bis.*
En gagnant des noyaux ! }
D' la santé,
D' la gaîté,
Et pour bien filer la vie
V'là les biens que j'envie !...
V'là le bonheur
Du fileur !

Et puis quoi ! il y a tant de beaux messieurs qui dépensent leur fortune à nourrir des laquais, des chevaux, des danseuses... un tas de bêtes inutiles.. moi j'emploierai la mienne à faire vivre deux cents ouvriers... des braves gens qui nous ont aidé à nous enrichir, et qu'il ne faut pas abandonner parce que nous n'avons plus besoin d'eux !... v'là mon caractère !

SCÈNE III.

LES MÊMES, ERNEST. *

(Il est suivi par une femme de chambre et deux domestiques en livrée qui portent des cartons.)

ERNEST, *à la cantonade.*

Entrez les cartons par ici.

BALANDIER.

Ah ! voilà ton frère!

ERNEST.

Doucement !... vous allez faner les fleurs... bonjour, mon père, bonjour Isidore. *(Ils échangent une poignée de main.)*

BALANDIER, *aux domestiques.* **

Portez tout cela dans l'appartement de la future. *(Les domestiques entrent à gauche, premier plan.)* Eh ! bien ! tes emplettes sont-elles terminées ?... as-tu acheté de jolies choses pour la corbeille?

ERNEST.

J'ai pris tout ce qu'il y avait de mieux et de plus cher.

BALANDIER.

Très-bien! il faut faire les choses grandement.

ERNEST.

Et puis j'avais pour me conseiller, pour guider mon choix, quelqu'un dont le bon goût est reconnu, mon ami, le comte Horace de Varennes.

* Balandier, Ernest, Isidore, les domestiques au deuxième plan.

* Ernest, Balandier, Isidore.

ISIDORE.

Ah! oui, ce mirliflor que j'ai aperçu deux ou trois fois à la fabrique .. qui porte des gants serins, des favoris en cotelettes et des gilets si longs qu'il pourrait y mettre des sous-pieds!

ERNEST.

Le comte de Varonnes!.. la fine fleur-des-pois! le héros du club et de l'Opéra!

BALANDIER.

Ah! c'est un ami qui te fait honneur.

ERNEST.

C'est lui qui m'a lancé dans le monde élégant... il m'a donné son tailleur, son chapelier, son chemisier... ses professeurs d'escrime et d'équitation... Enfin, il a fait de moi un gentilhomme. Aussi, depuis son retour d'Asie, nous ne nous quittons plus!

ISIDORE.

Tiens! il a été en Asie, ce chinois-là?

BALANDIER, *choqué.*

Isidore!

ISIDORE.

En Asie!... qué luxe asiatique!...

ERNEST.

Oh! il a beaucoup voyagé.

BALANDIER.

A propos, comment n'êtes-vous pas venus ensemble? Est-ce qu'il ne nous ferait pas l'honneur de signer à ton contrat?

ERNEST.

Au contraire... il a accepté avec une grâce charmante... mais il ne pourra venir que plus tard. Il était attendu chez le ministre.

BALANDIER, *avec fierté.*

Chez le ministre!.. c'est vrai... Il est l'ami du ministre... il va chez le ministre!.. mais le temps passe... je bavarde... et j'oublie que le notaire m'attend!.. je te ferai appeler si c'est utile!

AIR : 20 *francs.*

Reste-là!... repose-toi,
Sans crainte laisse-moi faire,
Pour que tout soit bien, j'espère
Que tu peux compter sur moi.

ERNEST.

J'y consens, je puis, je croi,
Sans crainte vous laisser faire.
A tout disposer mon père
S'entendra bien mieux que moi.

ISIDORE.

Reste là .. tu peux, je croi,

Sans crainte le laisser faire,
A tout disposer not' père
S'entendra bien mieux que toi.

(*Balandier sort par la droite.*)

SCÈNE IV.

ERNEST, ISIDORE.

ISIDORE.

Ah! je vais donc faire connaissance avec ma future belle-sœur! car enfin je ne l'ai jamais vue... Tu m'as dit qu'elle était jolie et je t'ai donné mon consentement sur parole.

ERNEST.

Rassure-toi... Valérie est charmante! et je suis fier d'avoir obtenu sa main, moi simple fils d'un industriel... moi qui n'ai à lui offrir que mon argent.

ISIDORE.

Ça se trouve joliment!... elle qui n'a que sa noblesse...

ERNEST.

Oui, mais cette noblesse, ce nom auquel le nôtre va s'allier, m'assurent de hautes protections, et quand on se destine, comme moi, à la diplomatie, quand on rêve dans l'avenir un consulat... peut-être une ambassade...

ISIDORE.

Plus que ça de genre!... plus que ça de mousse!

ERNEST.

Aussi, vois-tu, mon bon Isidore, il faudra absolument que tu renonces à tes habitudes... que tu quittes l'atelier... que tu voies le monde...

ISIDORE, *souriant.*

Bon!.. lui aussi!

ERNEST.

Et dans quelque temps tu feras, comme moi, un beau mariage.

ISIDORE.

Moi!...

ERNEST.

AIR : *Amis, voici la riante semaine.*

Vois donc, pour nous quelle brillante affaire,
Une marquise entre dans la maison
Du fabricant, devenu millionnaire ;
A notre enseigne elle unit son blason.
On chercherait pour toi quelque comtesse.
Une comtesse! hein! mon cher, quel honneur!

ISIDORE.

Oui, je prendrais ma femm' pour sa noblesse,
J'aime bien mieux la prendre pour son cœur.

ERNEST.

Ah! j'entends.., c'est-à-dire que tu feras quelque folie!

ISIDORE.

Comment?

ERNEST.

Me crois-tu donc aveugle? Nieras-tu qu'il y ait parmi nos ouvrières une certaine petite personne que vous regardez très-tendrement, mauvais sujet?

ISIDORE.

Pourquoi donc le nierais-je? Desirée est assez gentille pour qu'on y fasse attention.

ERNEST.

C'est vrai!.. elle a une petite mine éveillée...

ISIDORE.

Oui, mais on plaisante, on rigole, et v'là tout! car pour ce qui est de sa vertu, je répondrais de celle de Désirée sur ma tête!... c'est crâne, ça!

ERNEST, *riant.*

La vertu d'une grisette!

ISIDORE.

Oui... d'une grisette... d'une ouvrière!.. et j'en réponds d'autant plus que j'ai été le premier à en douter... mais depuis la découverte que j'ai faite..

ERNEST, *riant.*

Quoi donc?.. As-tu découvert que la petite t'adore?...

ISIDORE.

Oh! quant à ça... j'suis sûr de mon affaire!..

ERNEST.

Elle te l'a dit?

ISIDORE.

Du tout!.. fi donc! est-ce que Désirée dirait de ces choses-là! mais j'en ai la preuve... et de plus j'ai la preuve aussi que Désirée est la candeur et l'honnêteté en personne...

ERNEST.

Et cette preuve... quelle est-elle?

ISIDORE.

C'est un secret que je ne peux confier à personne... Désirée ellemême ignore que je m'en suis rendu maître..

ERNEST.

Ainsi, avec moi, ton frère...

ISIDORE.

Ah! après ça, si tu me jurais de n'en rien dire ..

ERNEST.

Je t'en donne ma parole d'honneur.

ISIDORE.

Oh ! en ce cas, je n'hésite plus ! Pour lors .. il y a déjà pas mal de temps que j'avais un petit coup de soleil pour Désirée, mais sans que je lui en aie dit un seul mot... lorsqu'en faisant ma ronde de nuit dans la filature, je remarquai qu'il y avait toujours de la lumière dans sa chambre et plus tard que chez les autres ouvrières ; la curiosité me talonnait, si bien qu'un soir je monte dans le grenier en face de sa fenêtre... je regarde... elle était en train d'écrire !

ERNEST, *étonné.*

D'écrire ?...

ISIDORE.

Puis, quand elle eut fini, elle renferma son griffonnage dans une armoire... disparut derrière le rideau... et au bout d'un instant (*soufflant.*) plus personne !.. Le lendemain, idem et ibidem, même jeu tous les soirs de la vie !

ERNEST.

C'est singulier, j'aurais cru à une correspondance avec quelque amoureux !

ISIDORE.

Je l'ai cru aussi... j'me blousais ! oui, mon cher, oui, j'ai pas pu y tenir... et grâce à mon passe-partout, pendant que Désirée était à l'atelier... j'suis entré dans sa chambre... et j'ai trouvé. .

ERNEST.

Mais quoi donc ? (*Bruit de voix en dehors.*)

ISIDORE.

Chut !.. on vient !.. c'est elle ! Je t'achèverai ça plus tard ! (*Il remonte.*)

UN DOMESTIQUE, *entrant par le cabinet de Balandier.*

Monsieur Balandier demande monsieur Ernest dans son cabinet.

ERNEST.

C'est bien !.. Isidore, dépêche-toi de t'apprêter ! (*Il sort.*)

ISIDORE.

Sois tranquille ! (*A lui-même.*) Qu'est-ce qu'elle a donc à se quereller avec les ouvriers ?

SCÈNE V.

DÉSIRÉE, ISIDORE.

DÉSIRÉE, *s'arrêtant au fond et parlant à la cantonade.*

Eh ben !.. c'est bon, en v'là assez !... a-t-on jamais vu !...

ISIDORE.

Qu'y a-t-il donc, Désirée ?

DÉSIRÉE, *entrant.*

Ah ! c'est monsieur Isidore ! je vous cherchais...

ISIDORE.

Est-ce que vous avez eu des mots avec les ouvriers ? vous voilà tout émue !

DÉSIRÉE.

Oui, c'est vrai... je suis colère, je rage !.. il y a dans le monde des gens si bêtes, si méchants !... au moins, si on pouvait taper dessus, ça soulagerait !

ISIDORE.

Fallait pas vous gêner ! fallait cogner, donc !...

DÉSIRÉE.

Merci !... et pouvoir ?.. enfin, il ne s'agit pas de ça... (*Avec résolution et sans reprendre haleine.*) Monsieur Isidore, je viens vous prier d'arrêter mon compte, de me payer ce qui me revient, et puis je quitterai la filature ! voilà !

ISIDORE, *ému.*

Vous, Désirée, quitter la filature !... est-ce que vous auriez à vous plaindre de mon père et de moi ?

DÉSIRÉE.

Oh ! non... monsieur Balandier est un bon maître... et vous aussi, monsieur Isidore !... on est chez vous comme dans sa famille, mais c'est égal, je veux m'en aller !

ISIDORE.

Mais qu'est-ce qu'on vous a dit ? qui donc qui vous a fait de la peine ? j'veux le savoir !

DÉSIRÉE.

Oh ! mon Dieu ! ce n'est personne et c'est tout le monde !

ISIDORE.

Mais parlez donc, Désirée, car je me fais un mauvais sang...

DÉSIRÉE.

Eh bien ! oui... au fait, j'aime mieux tout vous dire, car moi aussi, ça me fait mal, ça m'agace, ça m'étouffe !... Depuis deux jours qu'on a parlé dans la fabrique du mariage de votre frère, je n'ai pas eu un moment de repos ; c'était à qui dirait devant moi : « V'là monsieur » Ernest marié ; monsieur Isidore fera bientôt de même... il épousera » quelque riche et noble demoiselle, et il plantera là celle qui aura » été assez sotte pour l'écouter. » Et puis on me regardait, on ricanait... ça me donnait des envies de les battre !

ISIDORE.

Pauv' fille !

DÉSIRÉE.

Enfin la patience m'a échappé !... — Qu'est-ce que ça me fait à moi? leur ai-je dit ; est-ce que je pense à monsieur Isidore ? et lui donc ? est-ce qu'il s'occupe de moi ? — Et c'est vrai, n'est-ce pas ?

ISIDORE, *embarrassé.*

Dam !... cependant...

DÉSIRÉE.

Vous m'avez bien dit quelquefois que vous me trouviez gentille, mais en plaisantant... j'ai pas été assez simple pour croire que vous, qui êtes si riche, vous prendriez une femme comme moi. Et je vous estimais trop, monsieur Isidore, pour vous supposer l'intention de compromettre, de perdre une pauvre fille qui n'a pour toute fortune que son honneur !

ISIDORE, *vivement.*

Merci, Désirée! je suis heureux que vous m'ayez jugé comme ça!

DÉSIRÉE.

Eh bien ! le croiriez-vous? plus je me défendais, plus ils avaient l'air de se moquer et de rire... enfin... oh ! ça, c'est affreux !... j'en ai entendu qui disaient que... *(Avec effort.)* que j'étais votre maîtresse!

ISIDORE.

Vous, Désirée!... oh! les mauvaises langues !

DÉSIRÉE.

Vous voyez bien qu'il faut que je quitte la filature pour leur donner un démenti! quand ils verront que je suis partie et que je ne reviens pas, il faudra bien qu'ils aient meilleure opinion de vous et de moi... oh! certes, je m'en irai le cœur bien gros, mais j'aurai fait mon devoir... ça me consolera!

ISIDORE, *attendri.*

C'est bien... c'est très-bien... c'est d'une honnête fille!... Et ils ont osé dire... ah! parbleu! vous ne voulez accuser personne... mais ça ne peut être que Matthieu, Touchard... trois ou quatre mauvais gas... je vas en démoir cinq !*

DÉSIRÉE, *le retenant.*

Non, non, restez! je vous en prie... vous fâcher, ce serait leur donner raison!

ISIDORE, *se montant de plus en plus.*

Et je vous laisserais partir pour des cancans ! pour de méchants propos! Vous si bonne, si honnête, je vous laisserais insulter... maintenant surtout que je sais...

DÉSIRÉE.

Quoi donc ?

ISIDORE, *s'arrêtant.*

Rien, rien !... ah! ils ont dit que vous étiez ma...

DÉSIRÉE, *lui fermant la bouche.*

Oh ! ne le répétez pas !

ISIDORE.

Eh bien! nom d'un petit bonhomme, je saurai les faire taire... ah! vous ne me connaissez pas, Désirée... vous ne savez pas ce dont je suis capable!

* Isidore, Désirée.

DÉSIRÉE, *effrayée.*

Oh ! mon Dieu ! que je suis fâchée de vous avoir dit ça !

ISIDORE.

Rentrez dans la filature, Désirée... reprenez votre place au milieu de vos compagnes ; c'est devant tout le monde que j'irai vous porter cet argent que vous exigez... En attendant, tenez-vous tranquille et laissez dire ceux qui parleront... bientôt ils auront affaire à moi !

DÉSIRÉE.

Surtout, monsieur Isidore, pas de colère, pas de scène... ça retomberait sur moi, et je serais désolée d'attrister un jour comme celui-ci .. pour votre frère d'abord, et puis pour sa fiancée, que je me faisais une fête de revoir et de féliciter... nous nous sommes connues si jeunes toutes deux !

ISIDORE.

Ah ! bah !

DÉSIRÉE.

J'avais encore ma mère dans ce temps-là !... ma pauvre mère qui, malade depuis deux ans et n'ayant plus aucune ressource, fut recueillie, soignée par la famille de mademoiselle Valérie... oh ! je n'oublierai jamais toutes les bontés dont on nous combla !

ISIDORE.

Eh bien ! vous la verrez, Désirée, vous assisterez à son mariage... c'est moi qui vous le dis.

AIR :

J' suis bon enfant, mais lorsque la moutarde
Me monte aux yeux, on n' peut plus m'arrêter,
A caus' de moi sur vous si l'on bavarde,
Je saurai bien vous faire respecter.

DÉSIRÉE.

Pour imposer silence à qui m'outrage,
Quand la raison me dit de m'exiler,
Je pars bien vite. (*A part.*) J' n'en aurais plus l'courage,
Si j' laissais l' temps à mon cœur de parler.

ENSEMBLE.

ISIDORE.

J' suis bon enfant, etc., etc.

DÉSIRÉE.

De vous fâcher, mon Dieu, prenez bien garde,
A mon chagrin ce serait ajouter,
Je saurai bien, sur moi lorsqu'on bavarde.
En m'éloignant me faire respecter !

(*Elle sort à gauche, la porte de l'atelier se referme.*)

SCÈNE VI.

ISIDORE, *puis* BALANDIER.

ISIDORE.

Allons, allons, v'là le moment! v'là le quart d'heure! le feu est aux poudres, faut que le bâtiment saute... (*Voyant entrer Balandier.*) V'là papa! je vas enlever la chose...

BALANDIER, *à lui-même.*

Tout est convenu, il n'y a plus qu'à signer.

ISIDORE.

Papa!

BALANDIER, *voyant Isidore.*

Eh bien! te voilà encore... et pas habillé! mais tu as donc juré mon trépas!

ISIDORE.

Papa, prêtez-moi une oreille attentive.

BALANDIER.

Pourquoi faire?

ISIDORE.

Deux sous d'oreille, s'il vous plait!... Papa, je n'irai pas par quatre chemins...

BALANDIER.

Après?

ISIDORE.

Papa!... je suis amoureux!

BALANDIER.

Amoureux!

ISIDORE.

J'aime une femme... l'épouser ferait mon bonheur! voilà!

BALANDIER.

Que diable viens-tu me chanter là?.. Et dans un pareil moment!.. Toi... te marier!... veux-tu bien me laisser tranquille... et aller mettre un habit!..

ISIDORE.

Papa... faut être gentil avec Dodore... parce que c'est un bon enfant qui pioche dur... mais qui n'a pas la bosse du célibat, je vous en avertis!

BALANDIER.

En voilà bien d'une autre par exemple! se marier!.. pour épouser qui, je vous le demande?...

ISIDORE.

Vous allez vous envoler... sauter au plafond... me recevoir comme un limaçon dans de la salade... mais n'importe! celle que j'aime et que je veux pour femme... c'est Désirée!

BALANDIER, *avec éclat.*

Désirée!...

ISIDORE, *lui plaçant les mains sur les épaules comme pour le retenir.*

Ne sautez pas!*

BALANDIER.

Désirée!... Ah! j'étais bien sûr que ça devait aboutir à quelque sottise de cette espèce-là!.. Ah! ça, es-tu fou?... es-tu malade?... Et tu crois que je permettrai une pareille mésalliance... Jamais!

ISIDORE.

Papa!...

BALANDIER.

Jamais! mais malheureux!.., qu'est-ce qu'était ta Désirée avant d'entrer ici?... une petite ouvrière à la journée... une grisette! Belle sécurité pour l'avenir!

ISIDORE.

J'en fais mon affaire!

BALANDIER.

Tu ne sais pas ce que c'est que d'épouser une femme sans éducation!

ISIDORE.

Bah! les femmes ça sait tout de naissance!

BALANDIER.

Ça sait être coquette... voilà! Tandis qu'une femme comme celle qu'Ernest a choisie... quelle différence! Une jeune personne charmante, qui a été élevée dans le meilleur pensionnat de Paris, et qui a des principes... des manières, un ton irréprochables!... Voilà des garanties!... voilà un mariage!

ISIDORE.

Oui, un mariage d'orgueil d'un côté .. un mariage d'argent de l'autre! Moi je ferai un mariage d'amour!

BALANDIER.

Jamais je n'y consentirai! Et, en attendant**, je vais commencer par mettre mademoiselle Désirée à la porte!

ISIDORE.

Elle!... oh! vous ne pensez pas ce que vous dites là!

BALANDIER.

Je le pense!... Et je le ferai!

ISIDORE, *se promenant avec agitation.*

Ah! c'est comme ça!... Eh bien! Désirée quittera la fabrique aujourd'hui!

* Isidore, Balandier.

** Balandier, Isidore.

BALANDIER.

Bon voyage !

ISIDORE.

Et moi, j'en sortirai... demain !

BALANDIER.

Toi ! me quitter !

ISIDORE.

Je ne suis qu'un ouvrier ! Et je vois bien depuis longtemps que je vous fais honte à vous et à mon frère !...

BALANDIER.

Isidore !

ISIDORE.

Vous rougiriez de me voir épouser une brave fille que j'aime, et de ne pas lui préférer quelque noble pimbêche qui se moquerait de moi !... Eh bien ! une fois parti, personne n'aura de compte à me demander... Désirée sera ma femme, et nous vous aimerons de loin... et malgré vous !

BALANDIER.

Mais, au moins, laisse-moi réfléchir !... Donne-moi du temps !

ISIDORE, *se calmant.*

Oh ! quant à ça, c'est trop juste !... j'y consens !

BALANDIER, *respirant.*

Ah !

ISIDORE.

Je vous donne une demi-heure !

BALANDIER.

Comment une demi-heure !...

ISIDORE.

Si, dans trente-cinq minutes, vous n'êtes pas décidé... je signe le contrat d'Ernest... et puis, en route ! v'là mon caractère !

BALANDIER, *avec découragement.*

J'en perdrai la tête... ma parole d'honneur !

LES OUVRIERS, *criant au fond.*

La voilà ! .. la voilà !

BALANDIER, *allant à la fenêtre.*

Une voiture !... La marquise et sa nièce !... Isidore... je t'en conjure, pas un mot devant elle, et va mettre un habit. (*Il sort par le fond.*)

ISIDORE.

Craignez rien... papa... on se taira, et on s'habillera ! (*Les ouvriers entrent dans le salon.*)

SCÈNE VII.

LES MÊMES, LA MARQUISE, VALÉRIE, ERNEST, OUVRIERS, OUVRIÈRES.*

CHŒUR.

AIR : *Du vieux Ménétrier.*

Pour la voir, accourons tous,
C'est la future, oui, c'est elle!
Voyez donc comme elle est belle
Et quel trésor pour un époux!
Chantons ce mariage,
L'amour qui les engage,
Tout ici, tout présage
A leur cœur
Joie et bonheur,
Pour eux quel avenir flatteur!

BALANDIER.

Madame la marquise... (*A Valérie.*) Ma charmante belle-fille! certainement, je suis trop heureux... c'est un grand honneur pour moi... de... de... donnez-vous donc la peine de vous asseoir.

ISIDORE, *à part.*

Bon! v'là papa qui barbote!

ERNEST, *à Valérie.*

Que vous êtes bonne!... et combien je vous remercie ainsi que votre aimable tante d'avoir consenti à venir signer notre contrat de mariage dans la fabrique de mon père.**

VALÉRIE.

Mais cette fabrique est si belle qu'on la prendrait pour un château princier. (*Balandier salue.*)

LA MARQUISE, *assise.*

Cela m'amusera de voir travailler vos ouvriers, moi qui, de ma vie, n'ai touché une aiguille.

BALANDIER.

Vous en êtes bien capable!

ERNEST.

Dans l'espérance qu'ils recevraient votre visite, ces braves gens ont orné de fleurs tous les ateliers.

VALÉRIE.

Vraiment!

* Balandier entre en donnant la main à la marquise, Valérie la main à Ernest, Isidore, les ouvriers à droite, les ouvrières se tiennent au fond.

** La marquise, Balandier, Valérie, assise, Ernest, Isidore.

LA MARQUISE.

Il faudra leur faire quelque distribution, leur donner de ma part du vin... du veau froid... Ces gens-là, ça mange du veau froid!... Enfin, c'est d'usage, c'est grandiose!... Et puis l'enthousiasme, cela se paye toujours.

ISIDORE, *à part.*

Oh! ce ton!.. (*Haut et s'avançant.*) Pardon, excuse, madame; mais nos ouvriers n'ont pas besoin d'être payés pour témoigner de l'affection au bourgeois et à tous ceux... ou celles... qui... que... (*A part.*) V'là que j'barbotte aussi comme papa!

LA MARQUISE, *le lorgnant.*

Quel est ce garçon?

BALANDIER, *regardant le costume d'Isidore avec embarras.*

C'est... c'est..

ERNEST, *vivement.*

C'est mon frère!

VALÉRIE, *saluant avec grâce.*

Monsieur!

ISIDORE, *saluant gauchement.*

Mamzelle!

LA MARQUISE, *le lorgnant.*

Comment, c'est là votre frère? Je ne m'en serais jamais doutée en le voyant...

ERNEST.

C'est lui qui, depuis des années, dirige la filature... son travail, son activité ont doublé notre fortune!

LA MARQUISE.

Mais c'est pas mal, pas mal!

ERNEST.

Il est chéri... adoré de tous nos ouvriers!

LA MARQUISE.

Vraiment!,..

ISIDORE, *montrant son frère.*

Lui aussi!... Papa aussi!... Ah! dam... faut pas être fier, quand on a été ouvrier soi-même...

BALANDIER, *bas, et lui faisant signe de se taire.*

Tais-toi donc!...

LA MARQUISE, *à part.*

Il ne sera pas possible de voir ce beau-frère-là!

ISIDORE, *à part.*

V'là une belle tante dont je n'userai pas les paillassons!.. avec son lorgnon, elle me fait un peu loucher!

DÉSIRÉE,* *qui pendant ces derniers mots s'est glissée en scène derrière les ouvriers et se trouve près d'Isidore.*

Oh! oui... c'est bien elle... je la reconnais.

ISIDORE, *à Désirée.*

Approchez, Désirée, approchez!

DÉSIRÉE.

Oh! je n'ose pas!

UN DOMESTIQUE, *entrant.*

Le notaire attend les ordres de monsieur.

BALANDIER.

Mes ordres... mais..

ERNEST.

C'est à nous de prendre ceux de ces dames.

BALANDIER. **

Avant de signer, il est convenable que les grands parents prennent connaissance du contrat. (*A la marquise*). Et si madame la marquise veut bien le permettre, nous passerons dans mon cabinet

LA MARQUISE, *se levant.*

Je ne vous le cache pas, ces détails matériels, ces questions d'argent me donnent sur les nerfs.

ISIDORE, *à part.*

As-tu fini!

LA MARQUISE.

Et puis je ne saurais entendre parler d'un mariage sans songer à ma position... Il est si triste, si monotone d'être veuve!

BALANDIER.

Vous n'avez jamais songé à convoler?

LA MARQUISE, *à part.*

Hélas que trop! (*Haut.*) Enfin, puisque vous le voulez, passons!

VALÉRIE.

Ma tante, pendant les formalités, je vous attendrai dans ce salon... en me reposant. (*Elle ôte son chapeau, Désirée s'avance pour le prendre. Valérie la regarde.*) Ah! mon Dieu!

DÉSIRÉE ***.

Mademoiselle me reconnaît?

VALÉRIE.

Mais sans doute, Désirée.

* La marquise, Valérie, Balandier et Ernest, un peu remontés, Désirée, Isidore.

** La marquise, Balandier, Valérie, Ernest, Isidore, Valérie est un peu remontée et passe à gauche.

*** Désirée, Valérie, la marquise, Balandier, Ernest et Isidore un peu remontés.

LA MARQUISE.

Qu'est-ce que c'est que ça, Désirée?

VALÉRIE.

Comment, ma tante, vous ne vous souvenez pas?... cette pauvre femme et une jeune fille..

DÉSIRÉE.

Qui ont été secourues... par votre mère... Oh! que je suis heureuse que vous ne m'ayiez pas oubliée!

VALÉRIE.

Toi aussi, tu t'es souvenue de moi!

DÉSIRÉE. *

Quelle différence! Je conçois que l'on oublie facilement le bien que l'on a fait, mais oublier celui qu'on a reçu!... Est-ce que c'est possible!

AIR : *Des 20 sous de Périnette.*

Ma mère, en mourant disait :
Souviens-toi toujours, ma fille,
Dans cette noble famille,
Du bien que l'on nous a fait!
Puis après, la pauvre femme
Pour jamais m'a dit adieu!
Mais je sens que dans mon âme
Est gravé son dernier vœu.
Pour l'avenir, doux présage,
Doux présage de bonheur!
Ma mère à ton saint héritage,
Si je puis un jour faire honneur!

LA MARQUISE, *avec indifférence.*

En effet... je me souviens maintenant. (*A Balandier et à Ernest.*) mais pensons au contrat. (*A part.*) Décidément, il y a ici une odeur de populaire... Quelles mœurs! quels gens! mais enfin... c'est riche

ISIDORE,* *à part.*

Allons! la belle-sœur est gentille... mais la vieille! des épinards pour la vieille!... Papa... pensez à Désirée... vous n'avez plus que vingt-cinq minutes!

BALANDIER. **

Va donc mettre un habit! (*Il lui tourne le dos et offre la main à la marquise. Ernest sort avec eux. Isidore avec les ouvriers qui reprennent la fin du chœur. Les ouvrières à gauche. Toutes les portes se referment.*)

* Désirée, Valérie, la marquise, Ernest, Balandier, Isidore au fond à gauche.

** Isidore, Balandier, la marquise, Valérie, Désirée, Ernest est un peu remonté.

CHŒUR.

Chantons ce mariage,
L'amour qui les engage,
Tout ici, tout présage
A leur cœur
Joie et bonheur,
Pour eux quel avenir flatteur!

(*Pendant cette reprise, Désirée a aidé Valérie à ôter son mantelet.*)

SCÈNE VIII.

DÉSIRÉE, VALÉRIE.

DÉSIRÉE.

Y a-t-il longtemps que je ne vous ai vue, mamzelle Valérie!

VALÉRIE.

Bientôt trois ans... Les médecins m'avaient ordonné l'air du midi, et j'avais quitté Paris avec ma tante pour aller habiter aux environs de Marseille, où elle possède une propriété... Depuis peu de temps de retour, je ne savais plus où te retrouver.

DÉSIRÉE.

Et c'est vot' mariage qui nous réunit... Mais... comme quatre ans vous ont changée... comme vous vous êtes embellie!

VALÉRIE.

Tu trouves?

DÉSIRÉE.

Il paraît que l'air de la Provence vous a joliment fait du bien!... Vous n'étiez encore qu'une enfant... mais, aujourd'hui... vous voilà presque une dame!... Car dans une heure... vous serez mariée... et le bonheur contribue aussi à rendre jolie.

VALÉRIE.

C'est donc un bonheur que de se marier?

DÉSIRÉE.

Il me semble qu'il n'y en a pas de plus grand au monde que de s'unir pour la vie à celui qu'on aime...

VALÉRIE.

Ah! sans doute!

DÉSIRÉE.

Et quand on est jeunes tous deux, quand on est riches... quand la fiancée est charmante... et le futur fort gentil... car M. Ernest est vraiment très-bien!

VALÉRIE.

Oui... c'est ce que ma tante ne cesse de me répéter...

DÉSIRÉE.

Et j'en suis sûre... c'est aussi votre opinion...

VALÉRIE, *froidement.*

Oh! moi... je n'ai pas d'opinion... ma tante m'a dit que notre fortune était en partie perdue, qu'il se présentait un riche mariage, et que je ne devais pas hésiter... J'ai obéi.... J'ai vu M. Ernest pour la première fois, il y a six semaines, dans un bal... puis, il y a huit jours, chez ma tante, la présentation officielle... Enfin, hier, on lui a permis de venir me faire sa cour... Ma tante dit que c'est assez... pour se connaître... et se marier !...

DÉSIRÉE.

Oui, mais pour s'aimer... ça me semble bien peu! Cependant, j'ai entendu dire qu'il ne fallait qu'un instant pour faire naître l'amour!

VALÉRIE, *vivement.*

Oh! oui, oui... c'est bien vrai... un seul instant suffit!..

DÉSIRÉE.

Alors vous avez aimé M. Ernest tout de suite? Dès la première entrevue peut-être? — Vrai, c'est effrayant de penser qu'on est exposée à ressentir tout à coup de l'amour pour quelqu'un... à se trouver le cœur pris au moment où on y pense le moins!

VALÉRIE.

Et pourtant tel est notre sort à nous autres jeunes filles!... nous quittons la pension pour entrer dans le monde, sans connaître, sans prévoir le danger qui nous y attend. Là, nous rencontrons un jeune homme aimable, riche, plein d'esprit... qui réalise enfin un de ces rêves commes nous en faisons toutes; notre cœur sans défense se laisse entraîner... séduire... Et s'il existe des obstacles, si des motifs imprévus éloignent celui que nous aimons, il faut renoncer aux espérances que l'on avait caressées... il faut oublier ces premières émotions qui ont tant de charmes... Et puis, vient un jour où l'on nous dit : Voilà un mari!.. Que faire?... Rester vieille fille? — On signe... et c'est là ce que l'on appelle du bonheur!

DÉSIRÉE, *avec étonnement.*

Ah! mon Dieu! mamzelle! comme vous me dites çà! vous êtes toute émue... toute troublée... (*Baissant la voix.*) Est-ce que par hasard?..

VALÉRIE, *vivement.*

Tais-toi! c'est un souvenir déjà bien éloigné... une illusion d'un moment à laquelle je ne veux plus songer... car je suis heureuse, je me marie! (*Avec une gaîté forcée.*) Et si tu savais comme ma toilette de mariée sera belle! Et le soir, au bal, j'aurai la plus ravissante parure! des diamants magnifiques!... Mais je te parle de mon bonheur, sans m'occuper du tien!

DÉSIRÉE.

Oh! le mien... le bonheur d'une ouvrière, ça ne reviendrait pas aussi cher que le vôtre! Les diamants et les riches parures ne sont pas pour nous.

VALÉRIE.

Mais vous, du moins, vous êtes toujours maîtresses de vos sentiments et de votre choix.

DÉSIRÉE.

Eh! mon Dieu, nous avons aussi nos petites illusions, nos petits songes dorés. Ah! dam... nous sommes exposées comme d'autres, plus que d'autres peut-être! Nous qui n'avons pas l'éducation pour nous éclairer et nous défendre, nous pour qui les privations de chaque jour sont autant de dangers contre lesquels il faut lutter.

VALÉRIE.

Pauvre Désirée!... il faut beaucoup de courage, n'est-ce pas?

DÉSIRÉE.

Dam... assez!

VALÉRIE.

Surtout lorsque, comme toi, on se trouve toute jeune encore privée de l'appui et des conseils de ta mère!...

DÉSIRÉE.

Oh!... le souvenir de la mienne m'a protégée... il m'a inspiré une heureuse pensée... un moyen qui m'a garantie, sauvée!

VALÉRIE.

Vrai?... Oh! dis-moi cela, je t'en prie!

DÉSIRÉE.

Vous le voulez?... Eh bien! à vous, à vous seule... car, devant toute autre personne, j'aurais peur que l'on ne se moquât de moi!

VALÉRIE.

Oui, mais entre femmes, entre amies! (*Elle lui tend la main.*)

DÉSIRÉE, *confidentiellement.*

Chaque soir, quand je suis seule dans ma petite chambre, avant de prier Dieu et de m'endormir, j'écris ce que j'ai fait dans la journée... toutes mes actions bonnes ou mauvaises, je n'oublie rien.

VALÉRIE, *étonnée.*

Vraiment?

DÉSIRÉE.

Le lendemain, je relis le journal de la veille, et je deviens ainsi mon juge à moi-même. Une fois, j'avais été très-coquette; c'était mal... mais n'importe... je m'en suis accusée... je l'ai écrit dans mon journal... Et que de fois j'ai rougi en lisant cette page! Aussi la crainte d'en avoir une semblable à écrire m'a corrigée pour toujours! Et c'est certainement à cela que je dois, pauvre orpheline, sans appui, d'être restée honnête fille!

AIR : *Du Curé de village.*

Ces lignes, par ma main tracées,
A chaque instant guident mon cœur,
Elles dirigent mes pensées

Vers la sagesse, vers l'honneur!
Nul ne les lira sur la terre,
Pour moi seule elles ont du prix,
Et sous le regard de ma mère,
C'est pour Dieu que j'écris!

VALÉRIE.

Ainsi, plus heureuse que bien d'autres, tu n'as cédé à aucun entraînement... tu n'as jamais aimé?

DÉSIRÉE.

Ah! dam... je ne répondrais pas que mes yeux ne se soient jamais arrêtés sur personne et que je ne me sois pas dit: « Mon bonheur serait là! » Mais, quand c'est trop haut pour y atteindre, il faut bien se faire une raison.

VALÉRIE.

Ah! que ton courage me fait envie! Désirée, nous songerons à ton avenir. Tu es ici chez de braves gens... il faudra qu'ils m'aident à assurer ton bien-être... J'en parlerai à M. Isidore...

DÉSIRÉE, *embarrassée.*

A lui? mais c'est que... vous ne savez pas...

VALÉRIE.

On vient!... nous reparlerons de cela demain.

DÉSIRÉE, *à part.*

Demain je ne serai plus ici!

SCÈNE IX.

LES MÊMES, BALANDIER, ERNEST, LA MARQUISE, ISIDORE, INVITÉS, DOMESTIQUES, LE NOTAIRE *

CHŒUR.

AIR : *Du Diable à quatre.*

Nous accourons tous
Pour le contrat de mariage.
Ce beau jour présage
Du bonheur aux deux époux.

(*Pendant le chœur, les domestiques ont donné des sièges aux invités et préparé une table à gauche. Le notaire s'y place avec le contrat. La marquise s'est assise ainsi que Valérie. Balandier parle avec Ernest, Isidore arrive par le fond.*)

ERNEST, *bas à Balandier.*

Mon père, je connais le caractère d'Isidore; il fera ce qu'il a dit, et le moyen que je viens de vous proposer est le seul qui puisse empêcher le scandale.

* Désirée, Valérie, la marquise, Balandier, Ernest, Isidore au fond, les deux témoins à droite s'asseoient, ceux de gauche restent debout.

BALANDIER.

Allons, je m'en rapporte à toi !

ISIDORE, *à Balandier.*

Papa, la demi-heure est écoulée !

BALANDIER, *sans le regarder.*

Va donc mettre un habit ! (*Le regardant.*) Ah ! il l'a!

ERNEST, *le prenant à part.*

Isidore, mon pere m'a tout dit... et il consent à ton mariage...

ISIDORE.

Vrai?

ERNEST.

A une condition !...

ISIDORE.

Laquelle?

ERNEST.

Un délai de trois mois... pendant lesquels Désirée cessera d'être ouvrière pour prendre la direction des ateliers... Nous l'admettrons dans la famille, dans nos réunions, afin d'étudier son caractère sans qu'elle puisse se douter de l'épreuve à laquelle elle sera soumise, et si, dans trois mois, sa conduite a été convenable, et si tu persistes dans ta résolution... eh bien ! je te l'ai dit, mon père consentira.

ISIDORE.

Ça me va... ça me va à mort !

ERNEST.

Mais d'ici là le plus grand secret, surtout pour elle !

ISIDORE.

Oh! Dieu!... dans trois mois mois!... Je voudrais déjà y être! *

BALANDIER, *qui a signé.*

A toi Isidore. (*Isidore va signer.*)

LA MARQUISE, *à part.*

Signer son union avec un jeune homme! Pourquoi faut-il que ce bonheur-là m'ait échappé !

UN DOMESTIQUE, *entrant.*

Monsieur le comte de Varennes!

VALÉRIE, *à part.* **

O ciel !

LA MARQUISE, *à part.*

Le comte de Varennes! oh !

* Désirée, Valérie assise à la table, le notaire assis, Balandie, debout, la marquise assise, Ernest à la table, Isidore.

** Désirée, Valérie, se levant, Balandier, Ernest, remontant au-devant du comte, la marquise, Isidore descend à gauche, le notaire à la table, les deux témoins de chaque côté.

SCÈNE X.

LES MÊMES, LE COMTE.

VALÉRIE, *troublée, à part.* *

C'est lui, mon Dieu! c'est lui!

DÉSIRÉE, *à Valérie.*

Oh! mon Dieu! mamzelle, qu'avez-vous donc?

VALÉRIE, *cherchant à se remettre*

Rien, rien!

ERNEST, *au comte.*

Ah! mon cher ami!... j'avais peur que vous ne vinssiez pas! Permettez que je vous présente à ma femme et à sa tante. — Monsieur le comte de Varennes!

LE COMTE, *saluant.*

Madame!

LA MARQUISE, *avec émotion.*

Comment! vous... vous ici, monsieur le comte!...

BALANDIER.

Vous vous connaissez?

LE COMTE, *froidement.*

J'ai déjà eu l'honneur de me rencontrer autrefois avec ces dames.

LA MARQUISE, *à part.*

Mon cœur ne le sait que trop!

BALANDIER.

Ah! comme c'est heureux!... vous voilà en pays de connaissance!

DÉSIRÉE, *qui n'a cessé d'observer Valérie.*

Mon Dieu!... ce trouble... cette émotion... et ce qu'elle m'a dit tout-à-l'heure... c'est lui dont elle voulait parler!

VALÉRIE, *à part.*

Lui ici! que vais-je devenir?

DÉSIRÉE, *à part.*

Quel danger pour elle!

ISIDORE. **

Eh bien! Désirée... avez vous réfléchi? voulez-vous toujours partir?

DÉSIRÉE, *regardant Valérie.*

Non... je reste!

* Désirée, Valérie, le comte, Ernest, Balandier, la marquise, Isidore remonte et passe à gauche.

** Isidore, Désirée, Valérie, Ernest, le comte et Balandier, à la table, la marquise.

REPRISE DU CHŒUR.

Nous accourons tous, etc.

(*Pendant cette reprise, le comte est allé signer le contrat. Ernest s'est rapproché de Valérie, et lui baise la main. La marquise regarde le comte en soupirant.*)

FIN DU PREMIER ACTE.

ACTE II.

Salon riche; au fond une cheminée avec une glace sans tain; portes de chaque côté de la cheminée donnant sur un second salon préparé pour un bal. — Des candelabres chargés de bougies éclairent les salons; à gauche, premier plan, une causeuse; à droite, un fauteuil. — Deux autres fauteuils auprès de la cheminée, dans laquelle il y a du feu.

SCÈNE I.

BALANDIER, *puis* LE COMTE. *Au lever du rideau des personnes du bal se promènent au fond. On entend la musique d'une contredanse.*

BALANDIER, *arrivant par la gauche et s'adressant à un domestique qui porte un plateau.*

Vite, Joseph, portez ces rafraîchissements dans le grand salon... Offrez-en aux dames qui ne dansent pas. (*Apercevant le comte qui entre par la porte à droite et venant à lui avec empressement.*) Ah! M. de Varennes! Enfin, vous voilà, M. le comte!... On soupirait après vous; on désespérait de vous voir à mon bal!

LE COMTE. *

Allons donc, mon cher Balandier!... moi, un des fidèles de votre maison!

BALANDIER.

C'est ce que je répétais à la marquise de Pont-Volant et à ma bru, qui s'étonnaient de votre absence.

LE COMTE.

Quoi! ces dames ont daigné remarquer...

BALANDIER.

Est-ce que vous ne faites pas sensation dans un salon?... est-ce qu'on peut se passer de vous?.. l'homme à la mode... le dandy par excellence!... aussi ces dames paraissaient-elles très-contrariées de

* Balandier, le comte.

ne pas vous voir arriver!... mais moi, je leur disais : Tranquillisez-vous; il viendra! il viendra!

LE COMTE.

Certainement; et même si j'arrive un peu tard... (*Ils remontent à la cheminée tout en causant.*)

BALANDIER.

C'est que c'est bon genre!

LE COMTE.

Du tout!... c'est que je savais rencontrer au club deux ou trois personnages influents à qui je voulais parler de vous.

BALANDIER.

De moi!...

LE COMTE.

Oui, au sujet de ce brevet.

BALANDIER.

Comment! vous auriez été assez bon...

LE COMTE.

Ces messieurs m'ont promis d'appuyer votre demande et vous ne pouvez manquer d'être compris dans la première nomination.

BALANDIER, *avec joie.*

Je serais nommé! mon plus beau rêve serait réalisé... Ah! monsieur le comte, que de reconnaissance!

LE COMTE.

Laissez donc, mon cher!... c'est justice!... un industriel honorable, un de nos manufacturiers les plus distingués; la décoration vous était due depuis longtemps.

BALANDIER, *avec bonhomie.*

Je ne dis pas... plusieurs de mes confrères l'ont!... mais enfin, on a beau mériter une distinction... ça n'en chatouille pas moins l'amour-propre... (*Avec élan.*) Ah Dieu! décoré! (*Ils redescendent.*)

AIR : *Les anguilles.*

Quoi! quelque jour, je pourrai lire
Mon nom inscrit au *Moniteur;*
Et sur mes cartes faire écrire
« Membre de la légion d'honneur! »
Ah! pardonnez à ma faiblesse;
Hélas! nous redevenons tous
Des enfants dans notre vieillesse;
Il nous faut encor des joujoux!
Grands enfants dans notre vieillesse
Il nous faut encor des joujoux!

Et quand je songe que c'est vous qui m'avez servi... recommandé!...

LE COMTE.

Ne parlons plus de cela!

BALANDIER.

C'est comme mon fils... mon Ernest qui a été attaché à une ambassade... envoyé en Algérie... quinze jours après son mariage... et ça, grâce à vous, à vos sollicitations !...

LE COMTE.

Je lui devais bien cela... un ami !

BALANDIER.

Le voilà sur le chemin des emplois, des dignités... et il ne s'arrêtera pas là... il ira encore plus loin ..

LE COMTE, *vivement.*

Ah ! je puis vous répondre que si cela dépend de moi...

BALANDIER.

C'est trop de bonté, monsieur le comte... Mais aussi voilà ce que c'est que de s'être frotté aux gens comme il faut... d'avoir contracté une noble alliance...

LE COMTE.

Le fait est que c'est à son mariage...

BALANDIER.

Qu'Ernest doit sa place?... mais c'est clair !... mais ça tombe sous le sens! Eh bien, voilà ce que son frère ne veut pas comprendre...

LE COMTE.

Monsieur Isidore...

BALANDIER.

Il s'obstine à rester dans le coton... pas d'ampleur dans les idées!.. pas plus d'ambition qu'un hanneton!.. Si je vous disais quelle sottise il s'est mise en tête...

LE COMTE.

Quoi donc?

BALANDIER.

Mais non... j'aime mieux me taire... j'aurais trop à rougir!.. Ah! ce n'est pas lui qui aurait eu le courage d'Ernest... Pauvre garçon !... quinze jours après la noce... en pleine lune de miel... se séparer d'une épouse adorée... c'était pénible!.. mais il y allait de son avenir...

LE COMTE.

Et il est parti...

BALANDIER.

En la replaçant sous l'aile de sa tante... en nous recommandant de la consoler... de la distraire pendant son absence... Et vous, depuis deux mois qu'il est parti, vous avez bien voulu vous faire le chevalier de ces dames... vous les accompagnez dans le monde avec un zèle... un dévouement...

LE COMTE

Comment donc ! je suis trop heureux !

BALANDIER.

N'importe!... ça n'en est pas moins un sacrifice... vous si couru, si recherché...

LE COMTE.

Oh !

BALANDIER.

Parbleu ! comme si je ne savais pas bien que toutes les dames ne sont occupées que de vous.

LE COMTE.

Allons donc !

BALANDIER.

Trois, quatre, dix intrigues à la fois !

LE COMTE, *froidement.*

Du tout !... vous vous trompez !... je n'en ai jamais que deux !

BALANDIER.

Bah !

LE COMTE.

C'est mon système et je ne m'en départs jamais.

BALANDIER.

En vérité !... Comment, rien que deux petites intrigues !...

LE COMTE.

Rien que deux !... mais la contredanse va finir... vous permettez que j'aille saluer ces dames. (*Il va pour sortir.*) *

BALANDIER.

Un moment... un seul petit moment, monsieur le comte... ne partez pas avant de m'avoir expliqué...

LE COMTE.

Quoi donc ?

BALANDIER.

Votre système... Ce chiffre dont vous m'avez parlé.

LE COMTE.

Eh ! bien...

BALANDIER.

Me semble singulièrement choisi, je l'avoue... car enfin, vous connaissez le proverbe : Il ne faut pas courir...

LE COMTE.

Deux lièvres à la fois... c'est vrai... c'est parfaitement juste... quant aux lièvres...

BALANDIER.

Et quant aux femmes...

LE COMTE.

Ah ! c'est différent !

BALANDIER.

Comment ça ?

LE COMTE.

C'est tout simple !... adresser ses hommages à deux femmes à la fois... c'est établir une lutte entr'elles... une lutte de coquetterie... de jalousie... c'est en faire des rivales, et alors...

* Le comte, Balandier.

AIR : *J'en guette un petit de mon âge.*

Vous les voyez, se disputant la lice
Pour triompher faire assaut tour à tour
De doux aveux, d'œillades, de malice :
Duel charmant dont profite l'amour.
Toutes les deux ont une ardeur si grande
De leur rivale à saper l'intérêt,
Que chacune vient en secret
Apporter au Dieu son offrande.

BALANDIER.

Je saisis!... je saisis parfaitement!... et, sans indiscrétion... Avez-vous souvent mis votre système en pratique?

LE COMTE.

Mais oui, assez souvent!.. Eh! parbleu, tenez, en ce moment encore...

BALANDIER.

Vraiment!... Ah! contez-moi donc ça...

LE COMTE.

A quoi bon?

BALANDIER.

J'adore les histoires d'amour... ça orne la mémoire... ça forme l'esprit et le cœur.

LE COMTE.

Au fait, si vous y tenez. *

BALANDIER.

Nous disons donc qu'il s'agit de deux femmes?...

LE COMTE.

L'une que j'ai connue, il y a deux ans, à Marseille, d'une manière assez romanesque... Je me promenais à cheval aux environs de la ville, lorsque je vois arriver une calèche traînée par des chevaux emportés qui couraient droit à la mer.

BALANDIER.

Ah! mon Dieu!... Et dans la voiture...

LE COMTE.

Etait mon héroïne. Il n'y avait pas une minute à perdre.. Je lance mon cheval au triple galop. Je parviens à dépasser la calèche, puis soudain, faisant volte-face, je me place comme une barrière au milieu du chemin, décidé à supporter le choc.

BALANDIER.

Quelle imprudence!... Il y avait de quoi vous faire tuer!

LE COMTE, *légèrement.*

Parbleu!... Eh! bien je n'eus pas même une égratignure... Effrayés par cet obstacle imprévu les chevaux s'arrêtèrent sur pied!

* Le comte, assis sur le canapé, Balandier, debout et appuyé sur le canapé.

BALANDIER.

C'est fort heureux !

LE COMTE.

Vous voyez d'ici la reconnaissance !... Je fus reçu, accueilli dans la maison comme un sauveur... on avait la tête un peu exaltée... et le roman promettait de devenir assez intéressant... Par malheur, il fut interrompu dès le premier chapitre.

BALANDIER, *s'asseyant sur le canapé.*

Comment ?

LE COMTE.

Quelques jours après, le navire qui devait me conduire en Orient mettait à la voile, et malgré mon regret d'abandonner une si charmante intrigue, il fallut me décider à partir.

BALANDIER.

Mais cette personne vous donna de ses nouvelles... vous correspondîtes ?

LE COMTE.

Non, elle était un peu piquée de mon départ .. bref, je n'espérais jamais la revoir... déjà même j'avais presque perdu son souvenir... lorsqu'il y a quelques mois le hasard me la fit retrouver. (*Ils se lèvent.*)

BALANDIER.

Et elle ne vous avait point oublié ?... vous avez renoué ?

LE COMTE.

C'est-à-dire, elle hésite encore... Elle a des scrupules... mais j'espère en triompher, grâce à l'autre.

BALANDIER.

L'autre !...

LE COMTE.

A la seconde...

BALANDIER.

Ah ! oui,... Le numéro deux

LE COMTE.

Une petite femme charmante, ma foi ! que j'ai trouvée là, tout-à-point, sans avoir la peine de chercher... qui s'est jetée à ma tête...

BALANDIER.

Voyez-vous ça !

LE COMTE.

Oui d'honneur, c'est elle qui me fait la cour... qui se charge de tous les frais de l'intrigue... Et moi, je la laisse aller... cela m'amuse... et cela sert mes projets !

BALANDIER.

C'est charmant !... Et dites-moi, ces dames vont-elles dans le monde ?... Les connais-je ?

LE COMTE.

Oh ! nullement !

BALANDIER, *à part.*

Je suis sûr qu'elles sont charmantes ! Qui diable ça peut-il etre?

SCÈNE II.

LES MÊMES, VALÉRIE, DÉSIRÉE. *

VALÉRIE, *entrant par le fond à gauche et s'arrêtant à la vue du comte.*

Ah!..

LE COMTE, *à part avec un mouvement marqué.*

Valérie ! (*Voyant venir Desirée par le fond à droite.*) Et Désirée !.. *à part, en souriant et indiquant tour à tour du regard, Valérie et Désirée.*

Voici l'une... et voilà l'autre !

ENSEMBLE.

AIR : *Des Diamants de la couronne.*

Ah ! vraiment
C'est charmant,
Toutes deux au même instant !
Pour moi, c'est
En effet,
Un bonheur complet !

BALANDIER, *à part.*

Ah ! vraiment
C'est charmant,
Mais c'est dommage pourtant ;
Trop discret
Qu'il m'ait fait
Des noms un secret !

VALÉRIE, *à part.*

C'est vraiment
Surprenant !
Arriver au même instant !
On dirait
En effet
Qu'elle me suivait !

DÉSIRÉE, *à part.*

Ah ! vraiment
Quel tourment,
D'observer à tout moment !
Je savais
Ses projets
Et je la suivais !

* Valérie, le comte, Désirée, Balandier, au fond.

DÉSIRÉE, *à part.*

Il était là, j'en étais sûre.

VALÉRIE, *à part.*

Encore elle!

LE COMTE, *à Valérie avec beaucoup de respect.*

Madame, veuillez agréer mes hommages.

VALÉRIE.

Vous arrivez bien tard, monsieur le comte, ma tante commençait à être inquiète...

LE COMTE.

Madame la marquise est trop bonne.

VALÉRIE.

Au contraire!... je vous préviens qu'elle est furieuse contre vous. *

BALANDIER.

Ne le grondez pas... il a des excuses... majeures.

LE COMTE.

Et j'allais vous les porter quand vous êtes arrivée...

DÉSIRÉE, *à part.*

Le voilà déjà occupé d'elle !... (*Haut.*) Bonsoir, monsieur le comte. **

LE COMTE.

Eh!... c'est notre gentille caissière... bonsoir, mon enfant!

BALANDIER.

Vous cherchiez quelque chose, Désirée?

DÉSIRÉE, *avec embarras.*

Moi... non... rien!... j'étais venue me reposer dans ce salon... il fait si chaud là-dedans!

BALANDIER, *choqué.*

Là-dedans!... Là-dedans!... Aussi vous sautez tant!

LE COMTE, *avec douceur.*

En effet, vous paraissez fatiguée.

VALÉRIE, *avec dépit.*

Cela se conçoit... lorsque comme mademoiselle, on n'a pas l'habitude des salons.

DÉSIRÉE, *à part avec tristesse*

Mademoiselle!

BALANDIER.

Ne dansez pas trop, Désirée... vous savez que demain dimanche je dois rester à Paris avec Isidore. Il faut donc que vous soyiez de

* Balandier, Valérie, le comte, Désirée.

** Valérie, assise sur le canapé, le comte, Désirée, Balandier.

bonne heure à la fabrique que nous ne pouvons laisser seule. La voiture vous reconduira à Chatillon sitôt le bal fini!

DÉSIRÉE.

Ça suffit, monsieur. *

LE COMTE, *à Valérie.*

Voulez-vous me permettre de vous offrir la main jusqu'à votre place?... (*Bas.*) Venez, il faut que je vous parle!

VALÉRIE, *bas.*

Monsieur!

LE COMTE, *s'apercevant que Désirée les regarde.*

Chut!... on nous observe! (*Prenant la main de Valérie et remontant lentement avec elle.*) A tout-à-l'heure, mon cher Balandier!

DÉSIRÉE, *à part.*

Seul avec elle!... Ah! je vais... (*Elle fait un pas pour sortir.*)

BALANDIER.

Eh! bien! c'est comme ça que vous vous reposez?

DÉSIRÉE.

Oui... je suis tout-à-fait remise. (*A part.*) Ensemble!... Oh! je tâcherai qu'ils n'y restent pas longtemps!... (*Elle sort vivement par le côté gauche.*)

SCÈNE III.

BALANDIER, *seul.*

La voilà partie!... Ça se dit fatiguée, et ça court à la danse! (*Avec humeur.*) Hum!... péronnelle!... Quand je pense que c'est pour ce coquin de nez retroussé-là qu'Isidore!... Imbécile que je suis d'avoir promis!... Je croyais ne m'engager à rien... Je me disais: Bah! en la menant dans le monde... elle, une petite ouvrière, sans éducation... sans expérience... la tête lui tournera... elle fera quelque sottise... et mon fils sera le premier à renoncer à cet absurde mariage... Eh! bien, pas du tout!... j'ai beau observer .. c'est comme un guignon!

AIR: *De Turenne.*

A ses devoirs elle reste fidèle,
Sans professeur et sans soutien,
Elle m'offre un parfait modèle
Et de tenue et de maintien!
A contrôler, rien, hélas! rien de rien!
A sa vertu pas le moindre anicroche,
De sagesse, c'est un rocher,
On n'a rien à lui reprocher...
Voilà ce que je lui reproche!

* Valérie, le comte, Désirée, Balandier, à la cheminée.

SCÈNE IV.

LA MARQUISE, BALANDIER. *

LA MARQUISE, *arrivant vivement par le fond.*

Décidément c'est révoltan t!... c'est intolérable!

BALANDIER.

Qu'avez-vous donc, marquise?... vous paraissez toute...

LA MARQUISE.

Dites que je suis furieuse!... outrée!

BALANDIER.

Ah! miséricorde! est-ce qu'on ne vous aurait pas porté de baba?

LA MARQUISE.

Il s'agit bien de baba! (*avec hauteur.*) Me croyez-vous femme à tenir à la patisserie?... (*se calmant.*) D'ailleurs j'ai mangé de tout! (*avec colère.*) Ah!... j'étouffe! je suffoque!

BALANDIER.

Voulez-vous un verre d'eau sucrée?

LA MARQUISE.

Allez au diable!... c'est d'un outrage, d'un scandale que je me plains!

BALANDIER.

Un scandale, dans mon festival?

LA MARQUISE.

Mais voilà ce que c'est que d'admettre dans son intimité des filles de rien.

BALANDIER.

Comment!... de qui parlez-vous?

LA MARQUISE.

Eh! de votre créature... la belle Désirée!

BALANDIER, *surpris.*

Désirée!

LA MARQUISE.

Une petite intrigante... une petite coquette, qui s'affiche de la manière la plus incongrue... qui se jette perpétuellement à la tête du comte.

BALANDIER, *très-étonné.*

Hein?... que me dites-vous là!

LA MARQUISE.

Tout-à-l'heure encore, il était près de nous... causant avec moi et ma nièce... Eh bien! cette demoiselle a tant fait par ses œillades... ses agaceries... qu'il nous a quittées pour courir à elle!

* Balandier, la marquise.

BALANDIER.

Qu'est-ce que j'apprends-là !

LA MARQUISE.

Et voilà deux mois que ce beau manége dure !

BALANDIER.

Deux mois... et je ne m'en doutais pas !

LA MARQUISE.

Oui, deux mois qu'elle a l'audace d'aller sur mes brisées !

BALANDIER.

Vos brisées !

LA MARQUISE.

A moi, marquise de Pont-Volant, qui ai des droits antérieurs sur le cœur du comte !

BALANDIER, *très-étonné.*

Vous !

LA MARQUISE, *fièrement.*

Tubleu ! mon cher, me croyez-vous d'âge et de figure à ne plus inspirer de passions !

BALANDIER, *humblement.*

Je ne dis pas ! mais...

LA MARQUISE.

Il me semble que je ne suis pas encore étiolée !

BALANDIER.

Sans doute, marquise, mais ..

LA MARQUISE.

Mais !... mais !... vous êtes un croquant !... (*avec passion*) mes jours sont à lui puisqu'il les a sauvés !

BALANDIER, *très-surpris.*

Sauvés !... le comte a sauvé vos jours ?

LA MARQUISE.

Il y a deux ans... à Marseille...

BALANDIER, *de même.*

Ah ! bon Dieu !

LA MARQUISE.

En arrêtant ma calèche que mes chevaux emportaient à la Méditerranée !

BALANDIER, *stupéfait.*

C'était elle !... le n° 4 !... (*à part.*) Ah ! par exemple, monsieur le comte, pour un lion, pour un parfait gentilhomme... voilà un drôle de goût !

LA MARQUISE, *avec passion.*

Et après un pareil trait vous ne voudriez pas que j'en raffolasse !... quand depuis que je l'ai retrouvé, il m'accompagne sans cesse ?

BALANDIER.

Vraiment!

LA MARQUISE.

Ne se montre occupé que du soin de me plaire !...

BALANDIER, *à part*.

Allons, allons franchement il a un drôle de goût !

LA MARQUISE.

Eh! bien vous restez là !... vous ne bondissez pas !... La conduite de cette petite Désirée ne vous met pas hors des rails !

BALANDIER.

Moi !... mais bien au contraire !... j'en suis ravi ! enchanté...

LA MARQUISE.

Hein ? qu'est-ce à dire ?

BALANDIER.

Ah! pardon, pardon, marquise... mais si vous saviez... moi qui, il y a un instant encore, me désespérais de sa prétendue sagesse... déplorais sa soi-disant bonne conduite... qui ne désirais qu'un prétexte pour l'extirper de mon intérieur... pour retirer mon consentement à son mariage avec mon fils Isidore.

LA MARQUISE, *étonnée*.

Comment! elle devait l'épouser ?

BALANDIER.

Hélas oui, dans huit jours...

LA MARQUISE.

Pécore !

BALANDIER.

Hein ! quelle boulette !

LA MARQUISE.

En voilà une qui en eût fait voir de grises à son mari !

BALANDIER.

Peste ! je le crois bien!

LA MARQUISE.

Elle nous aurait deshonorés !

BALANDIER.

Ah ! dam, ça n'a pas reçu l'éducation, les principes de notre Valérie...

LA MARQUISE.

Une petite ouvriasse... élevée dans les ateliers... d'où elle n'eût jamais dû sortir.

BALANDIER.

Et où elle rentrera... avant peu, je vous le proteste !... par malheur, nous n'avons que des soupçons... et pour rompre il faudrait du positif.

LA MARQUISE.

Je me charge d'en trouver !

BALANDIER.

Vous ?

LA MARQUISE.

Oui, je veux me venger, la confondre...

BALANDIER.

Mais par quel moyen ?

LA MARQUISE.

Je la surveillerai... je ferai épier le comte!... d'ici à vingt-quatre heures je vous apporterai des preuves.

BALANDIER, *transporté*.

Ah ! marquise, si vous faites ça, je vous embrasserai !

LA MARQUISE, *sévèrement*

Monsieur Balandier !

SCÈNE V.

LES MÊMES, ISIDORE.

ISIDORE, *s'arrêtant au fond*.

Oh ! la vieille avec papa ! (*il va pour s'éloigner.*)

BALANDIER.

Eh ! bien, Isidore, tu t'en vas?

ISIDORE.

Moi ! du tout, je... (*à part.*) pincé!

BALANDIER.

Approche donc !... je ne t'ai pas encore aperçu de la soirée.

LA MARQUISE.

Est-ce que c'est moi qui vous fais peur, jeune homme?

ISIDORE.

Peur !... oh ! je ne suis pas d'un naturel effrayé !

BALANDIER.

Ah ! ça, voyons, t'amuses-tu bien au bal?

ISIDORE.

Oh ! oh ! comme ça, papa !... y a pas d'excès... d'abord ce maudit habit noir me gêne fièrement sous les bras... Je n'ose pas me moucher.

LA MARQUISE, *riant*.

Ah ! ah ! ce pauvre garçon!

ISIDORE.

Ça vous fait rire !... (*à part.*) Elle m'agace, la vieille ! (*haut.*) Et puis, je vous l'ai déjà dit, papa... Le grand monde c'est pas mon élément... Si j'y vas depuis deux mois, vous savez bien pourquoi, pas vrai?... Sans ça je n'y aurais jamais mis le moindre orteil !

* Balandier, Isidore, la marquise.

BALANDIER.

Plains-toi donc ! te voilà bien, malheureux !

ISIDORE.

Quels sont les agréments qu'on y trouve dans vos bals?... une chaleur qui vous étrangle... des lustres qui vous éborgnent... des gens qui sentent le musc et le patchouli... que c'est une infection ! (*à la marquise*) c'est pas pour vous que je dis ça !

LA MARQUISE, *fièrement*.

Mais !

BALANDIER.

Il y a de jeunes et jolies femmes.

ISIDORE.

Il y en a de vieilles et de laides aussi ! (*à la marquise*) c'est pas encore pour vous que je dis ça !

LA MARQUISE, *fièrement*.

Mais ! (*à part.*) Quel ours !

BALANDIER.

Enfin il y a la musique, la danse, les rafraîchissements...

ISIDORE.

Ah ! oui, les rafraîchissements, parlons-en !... V'là encore une jolie invention! Tout-à-l'heure, j'ai voulu me payer une glace..... ça m'a brûlé !

LA MARQUISE, *riant*.

Ah ! ah ! ah ! brûlé !

ISIDORE.

Tiens ! vous riez encore ! Juste comme les invités de papa en me voyant faire la grimace... Ils se sont mis à rire... Imbéciles ! (*à la marquise*) C'est toujours pas pour vous que je dis ça !

LA MARQUISE, *offensée*.

Jeune homme !

ISIDORE.

Ne vous fâchez pas... je m'en vas... je retourne au salon où l'on m'attend pour la première.

BALANDIER.

Qui ça ?... Désirée ?

ISIDORE.

Juste !

BALANDIER, *avec intention*.

Ne te dépêche pas tant... Mademoiselle Désirée n'est peut-être pas si pressée...

ISIDORE.

Désirée est toujours pressée !...

LA MARQUISE, *avec ironie*.

Et puis, qui sait? Vous n'auriez qu'à déranger une conversation intéressante.

ISIDORE.

Hein?... Comment? que voulez-vous dire?

LA MARQUISE

Moi, rien, je suppose... au bal on a tant d'adorateurs !

BALANDIER.

On fait tant de conquêtes !...

LA MARQUISE.

Surtout quand on les cherche...

ISIDORE.

Quand on les cherche... Papa? voyons, papa! soyons franc avec not'Zidore!... on vous a fait quelques cancans, quelques ragots !

BALANDIER.

A moi ?

ISIDORE.

Mais vous savez bien que Désirée est une brave et honnête fille. La vertu, la sagesse même...

LA MARQUISE

Oh la sagesse peut bien se laisser éblouir pas des dehors brillants...

BALANDIER

Par un titre de Comte...

ISIDORE.

Un titre de Comte!

LA MARQUISE.

Prenez garde, jeune homme, on la voit souvent avec Monsieur de Varennes.

BALANDIER.

On dit même que...

ISIDORE, *l'interrompant avec force.*

On dit! on dit! Tout ça c'est des menteries, des faussetés, et... (*Il s'arrête étonné en voyant paraître, au fond, à droite, le comte donnant la main à Désirée, et causant avec elle.*) Ensemble !

SCÈNE VI.

LES MÊMES, LE COMTE, DÉSIRÉE, VALÉRIE, *invités,* *

(*Valérie entre ainsi que les autres dames, accompagnée par un cavalier qui la conduit à un fauteuil pendant le chœur suivant. La marquise a quitté Balandier pour se rapprocher de Valérie.*

* Balandier, Isidore, la marquise, le comte, Désirée, Valérie, assise à gauche de la cheminée.

CHŒUR.

AIR : *Polka de Quidant.*

De la polka, le dernier son vient de finir;
Mais avant que la ritournelle,
Par son signal, au salon bientôt nous rappelle,
Goûtons un instant de plaisir.

BALANDIER, *à Isidore.*

Eh bien! que t'avais-je dit?

ISIDORE, *à part.*

Désirée coquette !... coupable ! Oh ! non ! non ! c'est impossible !

LE COMTE, *remontant vers Balandier.*

Mon cher Balandier... mon compliment sincère... Pour un manufacturier, vous donnez des fêtes de grand seigneur.

BALANDIER.

Enchanté d'avoir votre suffrage, monsieur le comte... (*bas.*) A propos, dites donc, je connais le numéro 1.

LE COMTE, *à part.*

Ciel!

BALANDIER, *bas.*

Il est un peu mûr!

LE COMTE.

Plaît-il?

BALANDIER, *bas.*

Mais enfin une marquise !... (*Il remonte vers des domestiques qui arrivent avec des plateaux et leur fait signe d'aller offrir aux dames des rafraîchissements.*)

LE COMTE, *à part, riant.*

La marquise !... Comment il croit que... Ah ! je respire ! (*Il se rapproche de Valérie.*)

LA MARQUISE, *sur le canapé, à part.*

Il ne veut pas me compromettre. *

ISIDORE, *qui est resté pensif et à part.*

C'est égal, faut que j'aie une explication ! (*bas à Désirée.*) Désirée, j'aurais deux mots à vous dire!

DÉSIRÉE, *qui observe le comte.*

Vous, monsieur Isidore...Eh ! bien...tout-à-l'heure... en dansant...

ISIDORE.

Oui... oui... c'est convenu!

BALANDIER, *qui a pris une glace sur un plateau.*

Marquise, vous ne prenez pas?

* La marquise, sur la causeuse, Isidore, Désirée, assise à droite, Valérie, assise à la cheminée, le comte, auprès d'elle, Balandier, debout à la cheminée.

LA MARQUISE. *

Une glace? Ah! volontiers! (*elle la mange.*)

LE COMTE, *à part.*

Il nous laisse! (*à Valérie.*) Consentez à m'entendre... Pendant le quadrille, échappez-vous du bal... Venez me retrouver ici.

VALÉRIE, *bas avec émotion.*

O ciel! que me demandez-vous? (*Le comte lui parle bas.*)

DÉSIRÉE, *à part, les observant toujours.*

Ah! mon Dieu... les voilà seuls... que peut-il lui dire! s'il allait l'engager à danser!... Ensemble, pendant tout un quadrille!...

BALANDIER, *bas à la marquise, en lui montrant Désirée.*

Voyez donc comme elle regarde le comte! (*Il va reporter les deux coquilles; Isidore a reporté la sienne.*)

DÉSIRÉE, *à part.*

Aller les séparer encore, c'est impossible... que faire? (*frappée d'une idée.*) Ah! (*appelant à voix basse.*) Monsieur Isidore?

ISIDORE, *se rapprochant vivement.* **

Présent!

DÉSIRÉE, *bas.*

Voulez-vous me faire un plaisir, monsieur Isidore?

ISIDORE.

Un plaisir?... avec plaisir!

DÉSIRÉE, *bas.*

Chut! allez inviter votre belle-sœur pour la contredanse...

ISIDORE, *de même.*

Hein?... comment! mais c'est avec vous que...

DÉSIRÉE, *de même.*

Oui, mais vous ne dansez jamais avec elle... je suis sûre que ça la fâche, et qu'en l'invitant vous lui ferez plaisir. (*Ritournelle de contredanse dans le salon à gauche.*)

ISIDORE, *étonné.*

Ah!... (*à part.*) C'est drôle!... Enfin!... puisqu'elle le veut. ***

DÉSIRÉE, *le poussant.*

Dépêchez-vous donc!

ISIDORE, *s'approchant de Valérie.*

Ma chère belle-sœur, voulez-vous accepter?

VALÉRIE.

Volontiers! (*à part.*) Au fait, c'est un moyen d'échapper aux in-

* La marquise, sur la causeuse, Balandier lui offre la glace, Valérie et le comte, à la cheminée, Désirée, assise à droite.

** La marquise, Valérie et le comte, à la cheminée, Isidore, Désirée.

*** La marquise, Valérie, Isidore, Désirée, le comte, à la cheminée.

stances du comte... à cet entretien qu'il sollicite... et que je dois refuser! (*Prenant vivement la main d'Isidore.*) Merci!

LE COMTE, *à part.*

N'importe! je ne la quitte pas! Dès ce soir elle saura ce que j'attends d'elle. (*On entend la contredanse dans le salon à gauche.*)

REPRISE DE CHŒUR.

De la polka, etc.

Sortie générale.

SCÈNE VII.

DÉSIRÉE, *seule.*

J'ai réussi!... les voilà encore séparés pour le temps du quadrille... c'est toujours ça de gagné!... Il est vrai qu'il m'en coûte une contredanse avec monsieur Isidore, et le désagrément de faire tapisserie!... mais qu'importe ce léger sacrifice!... n'ai-je pas une tâche à remplir?... La fille de ma bienfaitrice à sauver?... Quel bonheur pour moi, au retour de son mari, en la voyant l'aborder sans honte, sans remords, de pouvoir me dire: Eh! bien, c'est mon ouvrage!... c'est moi qui ai déjoué les piéges qu'on lui tendait... qui l'ai empêchée de succomber à une passion coupable... qui ai conservé son repos et son honneur! (*Avec un soupir.*) Oui, mais malheureusement je n'en suis pas encore là... Monsieur Ernest n'est pas encore près de revenir... Et pour arriver à mon but, il faudrait captiver monsieur de Varennes, l'enchaîner à mes côtés... l'occuper tant de moi, qu'il ne lui fût plus possible de s'occuper d'elle... Ah! c'est difficile.... mais il le faut pourtant!... Allons, rentrons dans le bal... Monsieur Isidore avait à me parler... Je veux qu'il me trouve à la fin de la contredanse. (*Elle remonte, va pour sortir et s'arrête.*) Ciel! que vois-je?... Le comte est auprès d'elle... il se penche pour lui parler... Comme elle paraît émue, troublée! (*Avec dépit.*) Et Isidore qui est là, et qui ne s'aperçoit de rien!... au lieu de parler à sa danseuse... il regarde au plafond, comme un nigaud!... Voilà bien les beaux-frères!... (*Après un silence.*) Ah! le comte se tourne de ce côté... il me voit!... si je pouvais...

AIR:

Allons, un doux regard,
Mon plus tendre sourire,
Il faut que je l'attire
Près de moi sans retard.
(*Elle sourit en regardant dans la coulisse.*)

* Isidore sort avec Valérie, le comte, étonné, les regarde sortir, la marquise lui tend la main, il sort, en la traînant après lui.

O bonheur inouï !
Quand ici je l'appelle,
Il se détache d'elle...
(*Le comte paraît au fond.*)
C'est lui ! (*Bis.*)
(*Elle va s'asseoir sur la causeuse.*)

SCÈNE VIII.

DÉSIRÉE, LE COMTE.

LE COMTE, *à part en restant près de la porte.*

Ma petite sirène m'a appelé... voyons un peu ce qu'elle me veut !

DÉSIRÉE, *à part.*

Oh ! les hommes !... Les hommes ! quel bonheur pour nous qu'ils soient si fats !

LE COMTE, *à part.*

Laissons-nous faire la cour... Je suis bien aise de savoir comment elle va s'y prendre ! (*Il va à la cheminée et prend un album qu'il a l'air d'examiner tout en observant Désirée.*)

DÉSIRÉE, *à part.*

Eh bien ! il ne me parle pas !... c'est drôle, tout-à-l'heure, je me sentais de la résolution... du courage... et maintenant qu'il est là, je n'ose pas, j'ai peur !

LE COMTE, *à part.*

Rien !... pas un mot !... Ce n'est pourtant pas moi qui commencerai, ma belle !

DÉSIRÉE, *à part.*

Et pourtant il faut le retenir... l'empêcher de retourner près d'elle... quand je devrais... lui faire une déclaration !

LE COMTE, *à part.*

Allons, employons le meilleur moyen de la forcer à parler... (*Il se dirige vers la porte à droite comme pour sortir.*)

DÉSIRÉE, *à part.*

Oh ! ciel !... il s'en va !... (*Se levant vivement.*) Monsieur le comte !

LE COMTE, *à part.*

J'en étais sûr ! (*Haut et feignant la surprise.*) Ah ! bah ! vous étiez là, mon enfant ?

DÉSIRÉE, *avec émotion.*

Sans doute... monsieur le comte... je... je vous attendais.

LE COMTE.

Vous m'attendiez ?

DÉSIRÉE.

Vous ne le saviez pas ?

LE COMTE, *avec indifférence.*

Moi, du tout!

DÉSIRÉE.

Comment!... vous ne m'avez donc pas vue?... je vous ai appelé.

LE COMTE.

Est-il possible!... (*Froidement.*) Eh bien! ma chère enfant, me voici... que me voulez-vous?

DÉSIRÉE, *à part.*

Mon Dieu!... ce ton glacé... Je ne sais plus que lui dire... il ne m'encourage pas du tout!

LE COMTE.

Eh bien!

DÉSIRÉE, *après un moment d'hésitation.*

Tout-à-l'heure, monsieur le comte, vous paraissiez occupé d'une conversation bien intéressante?...

LE COMTE.

Avec qui donc?

DÉSIRÉE.

Mais avec une personne plus jolie... et plus aimable que moi sans doute... puisqu'elle vous a empêché de songer à celle... qui songeait à vous.

LE COMTE, *à part.*

Ah!... ça commence! (*Haut.*) Eh! quoi, chère petite, j'aurais une place dans votre pensée?

DÉSIRÉE, *avec une timidité coquette.*

Hélas! j'ai tort de l'avouer... et de m'occuper de quelqu'un qui ne s'occupe que d'une autre!

LE COMTE.

D'une autre! (*A part.*) Elle y vient!

DÉSIRÉE, *à part.*

Si je pouvais apprendre de lui où ils en sont! (*Haut.*) Oui... cette personne à qui vous parliez, il n'y a qu'un instant... (*Avec intention.*) A qui peut-être vous adressiez des paroles bien tendres!

LE COMTE, *à part.*

Elle est jalouse de Valérie... c'est parfait!

DÉSIRÉE.

Vous voyez!... vous ne me démentez pas!... c'est donc la vérité?

LE COMTE.

Mais non... mais non... vous vous trompez, je vous jure...

DÉSIRÉE.

Alors, que lui disiez-vous donc?

LE COMTE.

Mais... que sais-je?... ce qu'on dit au bal... des riens!

DÉSIRÉE.

Des riens!... ce sont des riens qui lui causaient ce trouble... cette émotion... car je l'ai vu d'ici... de cette porte, où je vous observais tous les deux... Elle était émue... tremblante.

LE COMTE.

Quelle folie!

DÉSIRÉE.

AIR : *De mademoiselle Garcin.*

Non, vous cherchiez, j'en suis sûre, à lui plaire!...
Vous lui disiez des mots qu'elle écoutait
Avec effroi... mais pourtant sans colère,
Et que le bal, dans son bruit, emportait !

LE COMTE.

Ces mots, d'ici, tu ne pus les entendre...

DÉSIRÉE.

Ils m'échappaient, j'en conviens, sans détour ;
Mais je souffrais!... cela m'a fait comprendre
Qu'entre vous deux il s'agissait d'amour.
Oui, j'ai compris que c'était de l'amour.

LE COMTE, *à part.*

Eh! mais au fait, cette petite est charmante... Et si, en excitant son dépit, sa jalousie, je pouvais obtenir... Après tout, qu'est-ce que je risque? (*Haut.*) Eh bien! oui! Je ne le nierai pas plus longtemps, je lui parlais d'amour.

DÉSIRÉE.

Ah! c'est donc vrai!... Et cette femme elle vous paye de retour?

LE COMTE, *légèrement.*

Oh! qui peut jamais répondre de ces choses-là!

DÉSIRÉE.

Mais, enfin, vous le supposez?... Elle vous l'a laissé croire?

LE COMTE, *souriant.*

A peu près!

DÉSIRÉE, *à part.*

Ah!... (*Haut.*) Et, sans doute, c'est un aveu plus complet que vous la pressiez de vous faire?

LE COMTE, *hésitant.*

Mais...

DÉSIRÉE.

L'aveu de sa faiblesse... de son amour pour vous...

LE COMTE, *à part.*

Ma foi, le tout pour le tout! (*Haut.*) Vous l'avez dit, Désirée... je sollicitais une réponse... plus encore, un rendez-vous!

DÉSIRÉE, *à part.*

Grand Dieu! (*Haut.*) Et elle a consenti?

LE COMTE, *l'observant.*

Pas encore!.. mais je connaîtrai mon sort dès ce soir.

DÉSIRÉE, *très-troublée.*

Ce soir!.. Comment c'est ce soir qu'elle doit vous répondre?..

LE COMTE.

Et cela, sans qu'il lui en coûte un aveu toujours pénible pour une femme... Cette nuit, à deux heures, quand le bal finira... dans le cas où elle consentirait demain à m'entendre, à me recevoir... je lui ai dit de laisser tomber son bouquet.

DÉSIRÉE, *à part.*

Ciel!

LE COMTE.

Ce signal m'avertira de mon bonheur.

DÉSIRÉE, *à part, très-troublée*

Ah! mon Dieu! mais alors elle serait perdue!.. oh! il n'y a plus à hésiter!.. il faut le forcer à renoncer à elle!

LE COMTE, *se rapprochant.*

Mais qu'avez-vous, mon enfant?.. pourquoi ce trouble, cette agitation?

DÉSIRÉE.

Pourquoi?.. vous me le demandez?.. mais parce que je suis jalouse... parce que... (*Avec effort.*) parce que je vous aime!

LE COMTE, *à part.*

Ah! enfin!.. (*Haut.*) Il se pourrait... vous m'aimez?

DÉSIRÉE, *baissant les yeux.*

Depuis que vous venez dans cette maison... depuis que je vous vois empressé auprès d'une autre... jugez de ce que je devais souffrir.

LE COMTE.

Pauvre petite! et moi aussi je vous aime... je vous adore!

DÉSIRÉE, *avec joie.*

Vrai?.. vous m'aimez? et vous consentiriez à oublier cette femme... vous n'iriez pas à ce rendez-vous?

LE COMTE.

Peut-être! à une condition...

DÉSIRÉE, *ingénuement.*

Une condition... laquelle, laquelle, parlez vite!

LE COMTE.

Tout ce que vous venez de me dire est très-charmant sans doute. Cet amour que vous me témoignez m'inspire la plus vive reconnaissance... Par malheur, je suis un peu défiant... un peu incrédule... J'ai l'habitude de ne croire à la sincérité d'une femme que lorsqu'elle m'en a donné des preuves.

DÉSIRÉE.

Des preuves?

LE COMTE, *plus bas.*

Écoutez!.. demain, on l'a dit devant moi, vous serez seule à la fabrique... eh bien! s'il est vrai que vous m'aimiez..: demain, consentez à me recevoir.

DÉSIRÉE, *avec effroi.*

Qu'exigez-vous?

LE COMTE, *froidement.*

Moi!.. je n'exige rien... je ne vous demande même pas de me répondre maintenant... mais le bal va finir dans une heure... si d'ici là, il vous arrivait de vous décider... eh bien! je vous ai appris le langage des fleurs.

AIR : *Precédent.*

De ce signal, convenu pour une autre,
Oui, vous pouvez vous servir dès ce soir!
Des deux bouquets, un seul, et c'est le vôtre,
Attirera mes yeux et mon espoir.
Aveu muet, qu'hélas je n'ose attendre,
De votre main, qu'il s'échappe en ce jour,
Ah! plus de crainte, et je saurai comprendre
Qu'entre nous deux c'est un gage d'amour!
Je comprendrai les serments de l'amour!

(*Il sort par le fond à droite, mais au même instant Isidore entre par la gauche et le voit.*)

SCÈNE IX.

DÉSIRÉE, ISIDORE.

DÉSIRÉE, *à part.*

Un rendez-vous!.. oh! non, non!.. jamais, par exemple!

ISIDORE, *qui est resté au fond suivant des yeux le comte et à part.*

Encore le lion avec elle!.. Ah! faut que je tire ça à l'alambic!.. (*Il s'avance vivement.*) Désirée?..

DÉSIRÉE, *troublée.*

Monsieur Isidore!.. c'est vous!

ISIDORE, *avec une émotion contenue.*

Oui, c'est moi, j'vous cherchais... et je ne m'attendais pas à vous trouver en tête à tête.

DESIRÉE.

Un tête à tête! vous supposeriez?..

ISIDORE, *avec force.*

Eh! ben, non!.. non, sac à papier! je ne suppose rien. Je vous crois une brave et honnête fille... incapable de vous laisser enjoler par de beaux discours et des gants beurre salé!

DÉSIRÉE.

Oui, oui, monsieur Isidore, vous avez raison... vous me jugez bien.

ISIDORE.

Aussi, si j'suis venu vous trouver, c'est pas pour moi... j'ai confiance ; c'est pour les autres... pour le monde !

DÉSIRÉE.

Pour le monde !

ISIDORE.

Désirée, je ne vous le cache pas, on jase, on jabotte sur votre compte... (*Se reprenant.*) Ne faites pas attention au calembourg... j'en suis innocent, il m'a échappé.

DÉSIRÉE.

Des propos sur moi !.. et que peut-on dire ?

ISIDORE.

Des bêtises, quoi !.. des coq-à-l'âne, des choses en l'air.. mais n'empêche qu'il n'en faut pas plus pour ternir la réputation d'une jeunesse.

DÉSIRÉE.

Comment !.. que signifie ?

ISIDORE.

Ça signifie... ça signifie... (*Se reprenant.*) Mais non, je peux pas vous dire ça... j'ai promis de me taire.

DÉSIRÉE.

Des secrets !.. avec moi ?

ISIDORE.

Eh ! ben, non, au fait... à bas les mystères !.. aussi bien, v'là trois mois que ça me pèse sur l'estomac... je ne peux plus me taire.

DÉSIRÉE.

Mais de quoi donc s'agit-il ?

ISIDORE.

Il s'agit, ô Désirée, que je touche au moment d'être le plus fortuné des fileurs passés, présents et futurs !

DÉSIRÉE.

Vous ?

ISIDORE.

Encore quelques jours de patience et de conduite exemplaire, et j'abdique mon état de célibataire pour m'unir à la face de M. le maire.

DÉSIRÉE, *un peu émue.*

Ah !.. vous vous mariez, monsieur Isidore ?

ISIDORE.

Pas seul !.. avec une bonne fille que j'aime... que j'estime... avec vous enfin, Désirée !

DÉSIRÉE, *avec joie.*

Avec moi !.. est-il possible !.. je pourrais être votre femme !

ISIDORE.

Oui ; apprenez donc que papa m'a dit, il y a trois mois : « Si Dé-» sirée se conduit bien pendant le trimestre prochain, je ne m'op-» poserai plus à votre mariage !... » Et c'est d'aujourd'hui en v'huit que le délai expire.

DÉSIRÉE.

Tant de joie !.. de bonheur !.. ah ! maintenant je puis aussi vous dire mon secret... Isidore, je vous aime, je vous ai toujours aimé... et jamais je n'ai cessé d'être digne de votre affection et de votre estime.

ISIDORE, *avec passion.*

Je vous crois, Désirée, je vous crois !.. et cette assurance de votre part me fait un bien... oh ! Dieu ! le cœur me gonfle... les yeux me picotent... je sens que je vas éternuer !..

DÉSIRÉE.

Ce bon Isidore !

ISIDORE, *reprenant un air grave.*

Mais c'est égal, d'ici à v'huit jours veillez bien sur vous !.. beaucoup de prudence... énormément de circonspection !.. Il y va de not' félicité !

DÉSIRÉE.

Oui, oui, vous avez raison... je dois éviter de donner lieu au moindre soupçon... car ce n'est plus mon honneur, c'est le nôtre que j'ai à garder ! (*A part.*) Et quand je songe que tout-à-l'heure encore je pouvais me compromettre, me perdre.. oh ! maintenant, c'est fini !.. j'abandonne la tâche que je m'étais imposée !

ISIDORE, *qui était remonté pendant l'à parté de Désirée.*

V'là toute la société qui vient par ici !.. Motus devant papa.

DÉSIRÉE.

Soyez tranquille.

SCÈNE X.

LES MÊMES, LE COMTE, VALÉRIE, LA MARQUISE, INVITÉS, *puis* BALANDIER.

CHŒUR.

AIR : *Des Amours d'une Rose.*

A partir que l'on s'apprête,
Il est tard, quittons ces lieux,
A cette brillante fête
Il faut faire nos adieux.

* Valérie, la marquise, Balandier, Isidore, le comte, Désirée.

BALANDIER, *accourant après le chœur, une lettre ouverte à la main.*

Grande nouvelle !... joyeuse nouvelle !

TOUS.

Quoi donc ? qu'y a-t-il ?

BALANDIER.

Il revient, mes amis, il revient !

TOUS.

Qui donc ?

BALANDIER.

Mon fils !... mon Ernest !...

TOUS.

Son fils !

LE COMTE, *à part.*

Diable ! voilà un retour qui me contrarie.

VALÉRIE, *à part.*

Grand Dieu ! me retrouver en sa présence quand j'en aime un autre... Dissimuler sans cesse !... Jamais !

BALANDIER. *

Cette dépêche que je reçois à l'instant de l'ambassade... par un dragon à cheval... rien que ça ! m'annonce qu'il a un congé de quinze jours, et qu'il sera ici après-demain !

DÉSIRÉE, *à part.*

Son mari, au moment où j'allais lui manquer !.. c'est un appui... un protecteur qu'elle retrouve !... Merci, mon Dieu ! elle est sauvée !

BALANDIER.

Ah ! quel bonheur pour moi, pour nous tous !... Et sa femme donc... comme elle va être heureuse de le revoir... de l'embrasser !

VALÉRIE, *à part.*

Ah ! dussé-je accepter le moyen qu'on me propose ! dussé-je fuir avec le comte !... non ! je ne subirai pas ce supplice !

(*Deux heures sonnent.*)

LE COMTE.

Deux heures !

(*En ce moment, le comte redescend vivement au milieu du théâtre.*)

DÉSIRÉE, *à part.* **

Mais le comte s'approche... il la regarde... elle semble hésiter .. (*Valérie laisse tomber son bouquet.*) Grand Dieu !

* Valérie, sur la causeuse, la marquise, Balandier, Isidore, Désirée, le comte au fond.

** Valérie, le comte, Désirée, la marquise, Balandier, Isidore, au fond.

LE COMTE, *à part.*

Elle accepte !

DÉSIRÉE, *à part pendant que l'orchestre joue en sourdine l'air du Ier acte (20 sous de Périnette).*

Et je laisserais accomplir son déshonneur, quand je puis l'empêcher!... Oh! non ! non ! et fût-ce au prix de mon bonheur, je dois sauver celle dont la mère a sauvé la mienne !

(*Elle laisse tomber son bouquet.*)

LE COMTE, *à part.*

Et de deux ! c'est charmant.

ISIDORE, *ramassant le bouquet de Désirée et le lui présentant.* *

Désirée, vot'bouquet... (*Voyant l'hésitation de Désirée à le prendre.*) Prenez donc... (*Baissant la voix.*) en attendant que vous en portiez un autre... celui de mariée !

DÉSIRÉE, *à part.*

O ciel !..

(*Le comte rend le bouquet à Valérie. Un domestique a apporté les pelisses de la marquise et de Valérie. Balandier met celle de la marquise, le comte celle de Valérie.*)

ISIDORE, *à part, observant Désirée et le comte.*

Ce regard... ce trouble !... Demain, je lirai les mémoires de Désirée !

* Valérie, le comte met la pelisse de Valérie, Isidore, après avoir ramassé le bouquet, met la pelisse de Désirée.

FIN DU DEUXIÈME ACTE.

ACTE III.

La chambre de Désirée. Au fond, la porte d'entrée et une fenêtre donnant sur le jardin. A l'avant-scène, à gauche et à droite, deux pans coupés. Dans celui de gauche, une porte pleine, donnant dans un cabinet, au fond duquel on voit un lit drapé. Dans le pan à droite, une porte vitrée, donnant sur un petit perron qui descend au jardin. Cette porte est garnie de rideaux de mousseline. Au fond, entre la porte et la croisée, une petite armoire gothique. A droite et à l'avant-scène, près de la porte du jardin, une table et un grand fauteuil.

SCÈNE I.

DÉSIRÉE, *seule, puis* ISIDORE.

(*Au lever du rideau, la petite armoire est ouverte. La porte qui donne sur le jardin est ouverte à moitié. La porte du cabinet est ouverte à moitié et laisse voir le lit. Une bougie brûle sur la table. Désirée, à moitié déshabillée, avec un petit mouchoir noué sur le cou, dort dans le fauteuil; elle tient encore une plume à la main, et sur la table sont plusieurs cahiers de papier épars. Contre la porte du cabinet se trouve une chaise sur laquelle est déposée la toilette de bal de Désirée. Le jour commence à paraître pendant que l'orchestre joue en sourdine l'air du Curé de village du 1er acte.*

DÉSIRÉE, *rêvant.*

Isidore !... il m'aime !... et je serai sa femme... sa femme !.. quel bonheur !...

(*En ce moment, la porte du fond s'ouvre doucement. Isidore entre avec précaution et referme la porte derrière lui.*)

ISIDORE, *à voix basse.*

Désirée n'aura pu se coucher que bien tard... et elle doit être plongée dans les bras de l'orfèvre... Ah ! ma foi !... j'ai pas pu y tenir... j'ai pris mon passe-partout et me v'là !... A c't'heure... vite à l'armoire... Tiens... elle est ouverte... et le journal n'y est plus !... Elle l'aura laissé sur la table !... voyons. (*Il avance sur la pointe des pieds et s'arrête tout à coup en apercevant Désirée dans le fauteuil.*) Oh! c'est elle !... elle s'est endormie en écrivant... Fichtre ! je n'ose plus remuer. Si elle s'éveille, si elle me voit, faudra tout lui avouer... (*La regardant avec amour.*) Est-elle gentille comme ça ! les beaux bras !... les belles épaules !... (*S'arrêtant tout à coup.*) Eh bien ! monsieur Isidore, qu'est-ce que c'est que ces idées-là !...

AIR : *Du Luth galant.* *

A vos devoirs faut-il vous rappeler ?
Avant de rire et de batifoler,
Attendez, s'il vous plaît, qu'ensemble on vous marie !
Jusqu'à l'heur' de l'hymen, pas de plaisanterie,
Et si vot' montre avance... au cadran d' la Mairie,
Tâchez de la régler !

(*Retournant à Désirée qui dort.*) Fais ton petit somme, ma chérite, fais ton petit somme ! Et si, pendant ce temps-là, je pouvais jeter un coup d'œil sur le journal ! (*Il tourne autour du fauteuil de Désirée et se trouve auprès de la table. Il avance la tête et cherche à lire.*)** « Pendant le bal, Isidore m'a pris à part ; il m'a dit qu'il m'aimait, » qu'il voulait m'épouser. Un moment après, le comte de Varen- » nes... » (*S'interrompant.*) Oh !... je suis tombé au bon endroit !... Le comte de Varennes !... je vais savoir enfin !... lisons vite ! (*Désirée fait un mouvement.*) Ah ! mon Dieu ! elle s'éveille !... quand j'allais... Ah ! ce perron qui descend au jardin... Eh ! vite !... éclipsons-nous !

(*Il se glisse entre les deux battants de la porte et disparaît.*)

DÉSIRÉE, *s'éveillant peu à peu.*

Valérie !... ta mère a sauvé la mienne. Mais lui... Isidore... s'il apprenait... Ah !... (*Elle ouvre les yeux.*) Tiens !... il fait jour !.. Comme j'ai froid ! (*Regardant autour d'elle avec étonnement.*) Ah ! mais... ce n'est pas étonnant que j'aie froid ! moi qui me croyais dans mon lit !... Et la porte du jardin qui est restée ouverte !... et mon journal que je n'ai pas achevé !.. c'est la première fois que je m'endors en l'écrivant ! (*Elle remonte, souffle la bougie et la dépose sur la petite armoire.*) J'étais si fatiguée... ce bruit... cette musique !... quand on n'en a pas l'habitude !... Et puis j'ai eu tant d'émotions pendant ce bal... sans compter toutes celles qui m'attendent encore aujourd'hui ! car ce rendez-vous avec le comte.. ici.. (*Elle range la table et le fauteuil tout en parlant contre le mur, au-dessus de la porte du jardin.*) pendant que tout le monde est à Paris !... ah ! si c'était à refaire !... bah ! je le ferais encore ! Ne faut-il pas la sauver, cette pauvre petite femme... D'ailleurs, elle doit avoir reçu le billet que je lui ai fait remettre en partant, et si elle fait ce que je lui demande, tout ira bien ! mais il doit être tard !... il faut que je voie si rien ne cloche dans la filature... et il faut surtout que je m'arrange pour être seule ici, pendant toute la matinée !

ISIDORE, *chantant dans le jardin.*

D' la santé,
D' la gaîté,
Oui, pour bien filer la vie,
V' là les biens que j'envie.

* Isidore, Désirée endormie.

** Désirée, endormie, Isidore, tenant le journal.

DÉSIRÉE.

Qu'est-ce qui chante donc dans le jardin ?

ISIDORE.

V' là le bonheur
Du fileur !

DÉSIRÉE.

Ah ! mon Dieu ! je ne me trompe pas !... cette voix... c'est celle d'Isidore ! (*Elle se hâte de serrer ses papiers dans l'armoire.*)

ISIDORE, *au dehors.*

Mamzelle Désirée... êtes-vous éveillée ?

DÉSIRÉE.

Lui qui devait rester à Paris jusqu'à demain... Qu'est-ce qui peut l'avoir ramené ici ?

ISIDORE, *passant la tête à la porte de droite.*

Tiens ! vous couchez la porte ouverte ?

DÉSIRÉE, *ramenant son fichu sur sa poitrine.*

Mais... on n'entre pas ! voulez-vous bien vous sauver !...

ISIDORE.

Craignez rien !... j'ai la vue basse.

DÉSIRÉE, *passant à la hâte un petit peignoir en toile.**

D'où venez-vous ? d'où sortez-vous ?

ISIDORE.

J'sors du jardin !... où je prenais l'air en regardant lever l'aurore comme un cœur vertueux !... J'ai vu cette porte et j'ai dit : J'vas souhaiter le bonjour à mamzelle Désirée. — Ça va bien ? (*Silence.*) Merci ! pas mal, et vous ?

DÉSIRÉE.

Entrer dans ma chambre sans me prévenir, quand je ne suis pas habillée...

ISIDORE.

Je n'ai rien vu, parole sacrée !

DÉSIRÉE.

Pourquoi n'êtes-vous pas resté à Paris, je vous le demande ?

ISIDORE.

J'avais des motifs... gravissimes !

DÉSIRÉE, *à part.*

Ah ! mon Dieu !... est-ce qu'il se douterait... (*Haut.*) Voyons ces motifs... gravissimes !

ISIDORE, *tendrement.*

Dam... passer un jour sans vous voir, ça m'aurait semblé trop long !

* Désirée, Isidore.

DÉSIRÉE, *avec contrainte.*

Ah! c'est gentil ça!

ISIDORE.

Aussi, dès la fin du bal... j'ai tourné les talons... et j'suis parti. J'ai fait la route *pedibus cum jambis* en fumant ma pipe et en pensant à vous, à notre bonheur futur... et pendant c'temps-là... vous, mamzelle, vous dormiez?...

DÉSIRÉE, *avec dépit.*

Oh! bien tranquillement!

ISIDORE.

Sans penser à rien? ni à personne?

DÉSIRÉE.

A personne du tout!

ISIDORE.

Merci!... combien que vous demandez pour ce mot-là?

DÉSIRÉE.

Ça vous apprendra à faire des questions indiscrètes.

ISIDORE.

C'est juste! (*A part.*) Satané comte de Varennes!... Dire que si j'avais lu une ligne de plus je saurais ce qu'il pouvait lui dire au bal.

DÉSIRÉE, *à part.*

Comment le renvoyer?

ISIDORE, *haut.*

Tenez, Désirée!... je veux être franc avec vous! Ce n'est pas uniquement le désir de vous voir qui m'a ramené à la fabrique...

DÉSIRÉE, *étonnée.*

Ah! vraiment?...

ISIDORE, *embarrassé.*

Je voulais... m'assurer de...

DÉSIRÉE.

De quoi?... parlez donc! car vous avez un air si drôle!...

ISIDORE.

Vous allez vous fâcher?

DÉSIRÉE, *impatientée.*

Mais non!

ISIDORE.

C'est une bête d'idée!... mais on a quelquefois des turlutaines!... c'est pas que je vous soupçonne, au moins!

DÉSIRÉE, *vivement.*

Et quelles raisons auriez-vous de me soupçonner?

ISIDORE.

Oh! Dieu!... j'en ai jamais eu l'idée... mais pour dire vrai... c'te nuit... en vous quittant... j'ai cru m'apercevoir... que vous n'étiez pas à vot' aise avec moi !...

DÉSIRÉE, *embarrassée.*

Ah ! par exemple !...

ISIDORE.

Que vous aviez quéqu'chose qui vous taquinait... et que vous ne me disiez pas !... maintenant encore, j'ai beau m'raisonner... ça m'produit toujours l'même effet !

DÉSIRÉE.

Ah ! c'est joli !... et si c'est pour me dire de ces choses-là que vous êtes revenu, fallait pas vous presser.

ISIDORE, *avec sentiment.*

Ecoutez, Désirée !... je vous aime, et crânement... et pour la vie !... le jour où vous serez ma femme, je me trouverai plus heureux et plus riche que l'empereur de Maroc... mais vot' bonheur avant le mien !... consultez vot' cœur, Désirée ; demandez-vous bien... là... dans le fond... si vous m'aimez comme je vous aime !

DÉSIRÉE.

Ah ! vous en doutez !... après ce qui s'est passé hier entre nous !... mais vous n'avez donc pas vu ma joie quand vous m'avez dit que vous m'aimiez et que bientôt peut-être nous serions unis !... vous n'avez donc pas senti comme j'étais tremblante !... j'entendais bien votre cœur qui battait, moi ! le mien était-il donc moins agité ?

ISIDORE, *avec conviction.*

C'est vrai ! il polkait aussi !

DÉSIRÉE.

Gênée avec vous ! moi ?... mais dans un pareil moment peut-on répondre de son trouble, de son émotion ?

ISIDORE.

C'est encore vrai !

DÉSIRÉE.

Ne pouvais-je pas, tout en n'étant occupée que de vous, penser à de certaines choses qui devaient m'agiter ?... le plaisir... la crainte... un bonheur qui vous arrive si vite... on a peur de le perdre de même ! enfin, une jeune fille ne peut-elle pas avoir certains secrets qu'elle cache à son amant... mais qu'elle serait heureuse de confier à son mari ?

ISIDORE.

J'avais pas pensé à ça, imbécile que je suis !

DÉSIRÉE.

Isidore, vous m'avez donné votre amour ; eh bien ! ajoutez à ce don précieux celui d'une entière confiance, et croyez-moi, elle ne sera pas mal placée.

ISIDORE, *avec élan.*

Désirée ! vous êtes un ange !... et moi, c'est pas pour me flatter, mais je n'suis qu'une oie !... est-ce qu'une petite mine comme ça pourrait mentir ?... est-ce qu'une voix aussi douce que la vôtre pourrait tromper? allons donc, c'est impossible !... j'crois à vot' tendresse, j'crois à vot' sagesse, un mot de vous c'est assez... pardonnez-moi, Désirée, pardonnez-moi !

DÉSIRÉE.

Eh bien ! oui, je vous pardonne, mais à une condition : c'est que vous allez repartir tout de suite.

ISIDORE.

M'en aller... maintenant ?

DÉSIRÉE.

Sans doute ! si vous restiez ici, nous serions seuls tous les deux... ça pourrait faire jaser... faut pas !... d'ailleurs votre père compte sur vous aujourd'hui à Paris... allons, adieu, Isidore ; adieu, mon ami !

ISIDORE. *

AIR : *Valse de Giselle.*

Vous le voulez !... je pars, quoiqu'il m'en coûte !
Mais je m'éloigne avec la joie au cœur !
Et, de ma part, jamais le moindre doute
Ne reviendra troubler notre bonheur.

DÉSIRÉE.

D'un tel serment je suis heureuse et fière !

ISIDORE.

Si j'y manquais, je n' serais qu'un animal !
(*A part, à voix basse.*)
Ah ! maintenant, pour la croire sincère,
J' n'ai plus besoin de lire son journal.

(*Vivement et remontant la scène.*)

(*Parlé.*) Adieu, Désirée !

DÉSIRÉE.

C'est ça .. adieu !

ISIDORE.

Pensez à moi, pensez que bientôt .. (*On frappe doucement à la porte du fond.*)

DÉSIRÉE, *à part.*

Ah ! mon Dieu ! si c'était lui ! s'il avait devancé l'heure !

ISIDORE, *interdit.*

Il paraît que vous recevez des visites le dimanche ?

DÉSIRÉE, *troublée.*

Pourquoi pas ?

ISIDORE.

De qui donc ?

* Isidore, Désirée.

DÉSIRÉE.

Dam ! ouvrez, vous le saurez... (*Isidore remonte vers la porte, dont il touche le bouton*.) Vous êtes libre de vous défier de moi... de me faire du chagrin...

ISIDORE, *redescendant vivement.*

Eh bien ! non, je ne demande rien... je ne veux rien savoir... et la preuve... c'est qu'au lieu de sortir par là, je file par le jardin, je gagne la grand' route... et je m'sauve sans tourner la tête !

DÉSIRÉE.

Oh ! c'est bien ! c'est très-bien !

ISIDORE, *reprenant l'air :*

Loin de ces lieux, je pars sans qu'il m'en coûte,
Et je m'éloigne avec la joie au cœur,
Car de ma part jamais le moindre doute
Ne reviendra troubler notre bonheur !

(*On frappe doucement et un peu plus fort. Isidore s'élance dans le jardin. Dès qu'il a disparu, et sur les dernières mesures de l'air, Désirée va ouvrir. Valérie paraît sur le seuil de la porte.*)

SCÈNE II.

VALÉRIE, DÉSIRÉE.

DÉSIRÉE, *à part, avec joie.*

Ah ! Dieu soit loué ! c'est elle... (*Haut à Valérie qui entre.*) Je vous demande pardon, madame, de vous avoir fait attendre... mais monsieur Isidore était ici... heureusement il vient de partir par le jardin... et sans se douter de votre arrivée !

VALÉRIE.

Pourquoi tant de mystère ?... Et que signifie ce billet pressant que vous m'avez fait remettre ? (*parcourant le billet.*) « Au nom de ce « que vous avez de plus cher, venez ce matin à Chatillon, et le plus « secrètement possible ! Un grand danger me menace et votre pré- « sence peut seule m'y soustraire. »

DÉSIRÉE.

Oh ! c'est vrai, madame, et combien je vous remercie d'être venue !... J'osais à peine l'espérer... mais vous êtes si bonne !

VALÉRIE.

Votre lettre m'a effrayée !... Expliquez-vous, Désirée... Quel est donc ce danger auquel vous êtes exposée ?

DÉSIRÉE.

Le plus grand peut-être que puisse courir une jeune fille comme moi ! Et vous, madame, vous qui êtes mariée, qui connaissez le

* Desirée, Isidore.

monde, vous ne refuserez pas de me donner les conseils dont j'ai besoin... le courage qui me manque pour accomplir mon devoir!

VALÉRIE, *avec ironie*.

Mais je croyais que vous n'en aviez pas besoin!... et que vous possédiez un heureux moyen de vous garantir contre tous les dangers de la vie!

DÉSIRÉE.

Hélas, madame, il y a des circonstances où l'on s'égare malgré soi!... c'est alors qu'on est heureux de rencontrer une main amie qui nous dirige et nous ramène dans la bonne route!

VALÉRIE, *à part pendant que Désirée remonte vers le fond*.

Et c'est à moi qu'elle s'adresse pour trouver un appui... à moi dont le cœur est déchiré par mille incertitudes! Elle veut que je l'affermisse dans ses devoirs... quand je suis près de trahir les miens!

DÉSIRÉE, *quittant la fenêtre*

Personne encore!

VALÉRIE.

Vous attendez quelqu'un?

DÉSIRÉE.

Oui, madame... quelqu'un qui m'aime, du moins il me l'a dit; et je dois le croire... car si cela n'était pas... il ne m'aurait pas demandé un rendez-vous!

VALÉRIE, *troublée*.

Un rendez-vous!... et vous l'avez accordé!

DÉSIRÉE.

Je vous jure, madame, qu'il m'a été impossible de le refuser!

VALÉRIE, *à part*.

Etrange rapprochement!

DÉSIRÉE.

J'ai eu bien tort, n'est-ce pas, madame?

VALÉRIE, *avec embarras*.

Mais... oui... sans doute... Et cependant je puis vous trouver excusable... L'amour est un sentiment involontaire... qui s'empare du cœur à notre insu... qui nous entraîne souvent sans qu'il soit possible de résister, ni de prévoir l'avenir... Enfin il y a des motifs qui peuvent autoriser une démarche comme celle dont vous parlez!

DÉSIRÉE.

Par exemple, me voilà, moi!... je ne dois compte de mes sentiments à personne... je puis disposer de mon cœur et de ma main... Le mal doit être bien moins grand que si je n'étais plus libre!... Ah! si j'étais mariée!

VALÉRIE, *vivement*.

Mariée!... Que voulez-vous dire?...

DÉSIRÉE.

Je veux dire qu'alors je serais bien à plaindre d'avoir donné mon affection à un être qui en serait indigne! Oh! oui... bien indigne!...

car celui qui engage une pauvre femme à violer ses serments et l'honneur, ne peut avoir que des paroles perfides et trompeuses !

VALÉRIE.

Je ne vous comprends pas !

DÉSIRÉE.

Quelques instants encore et vous me comprendrez ! Peut-être alors quitterez-vous avec moi ce ton sévère pour me parler comme autrefois, lorsque vous ne dédaigniez pas de m'appeler votre amie !

VALÉRIE, *avec hauteur*.

Revenons à ce qui vous concerne, à ce danger dont parle votre lettre.

DÉSIRÉE.

Oui,.. à ce rendez-vous qui me fait trembler... car celui qui me l'a demandé m'a dit que si je le lui accordais, il y viendrait le cœur plein d'amour pour moi et prêt à me sacrifier tout autre sentiment, toute autre affection !

VALÉRIE, *ironiquement*.

Et c'est là ce qui vous effraie ?

DÉSIRÉE.

Oh ! pas pour moi seulement... mais pour une autre personne dont je crains de briser les illusions !...

VALÉRIE.

Expliquez-vous, Désirée, parlez-... je l'exige !

DÉSIRÉE, *regardant par la fenêtre du fond*.

Tenez, madame !... celui que j'attendais, arrive...

VALÉRIE, *à part*.

Ah ! mon Dieu !... pourquoi tremblé-je ?

DÉSIRÉE.

Il descend de cheval au bout de la grande avenue !... Regardez !

VALÉRIE, *remontant*.

Le comte !... le comte !... Et c'est lui qui vous a demandé cette entrevue secrète ?

DÉSIRÉE.

Lui-même !

VALÉRIE.

Et il vous a dit qu'il vous aimerait ?

DÉSIRÉE.

Il me l'a dit !...

VALÉRIE, *s'oubliant*.

Oh ! c'est impossible !... vous mentez !

DÉSIRÉE.

Oh ! madame !...

VALÉRIE.

C'est vous qui avez eu recours pour fixer son attention à mille coquetteries, mille petites ruses qui ne m'ont point échappé... mais lui vous aimer !... Oh ! c'est impossible, vous dis-je !

DÉSIRÉE.

Eh bien !. . vous l'entendrez de sa bouche... ici même !

VALÉRIE.

Une pareille trahison... Oh ! je ne puis y croire !

DÉSIRÉE.

AIR : *Renaud de Montauban.*

J'entends marcher... il arrive en ces lieux,
Eloignez-vous, vite, entrez-là, madame.
(*Elle lui montre le cabinet, dont elle ouvre la porte.*)
Laissez-nous seuls, et cachée à ses yeux
Vous apprendrez à mieux juger son âme.

VALÉRIE.

Soit !... au soupçon que l'on ose élever
C'est en effet le moyen de répondre :
Je sors donc, mais pour vous confondre !

DÉSIRÉE.

Moi, je reste pour vous sauver !
Oui, je reste pour la sauver !
(*Valérie entre dans la chambre. Désirée en referme la porte.*)

SCÈNE III.

DÉSIRÉE, LE COMTE, *puis* LA MARQUISE.

LE COMTE, *ouvrant la porte du fond avec précaution et s'arrêtant sur le seuil*

Vous êtes seule ?

DÉSIRÉE

Oui... seule !.. (*à part.*) Je tremble !

Elle s'appuie contre une chaise à gauche en regardant la porte de la chambre que Valérie entr'ouvre légèrement, mais sans se montrer. Pendant ce temps le comte referme la porte du fond; la marquise passe la tête entre les battants de la porte du jardin.)

LA MARQUISE, *à part.*

On ne m'avait point trompée ! J'arrive à point pour ne pas perdre un mot !... Ah ! le monstre !... Si je ne me retenais ! (*Le Comte qui a fermé la porte se retourne. La marquise referme vivement la porte du jardin.*)

LE COMTE, *qui a aperçu ce mouvement, à part.*

C'est singulier !... cette porte est bien agitée ! (*haut à Désirée, mais en regardant toujours de temps à autre du côté de la porte du jardin.*) Vous le voyez, charmante Désirée, je suis exact au rendez-vous !

DÉSIRÉE.

Monsieur le comte... (*à part.*) c'est à lui maintenant d'achever mon ouvrage.

LE COMTE, *allant poser son chapeau et sa canne, à part.*

J'y pense... en arrivant... j'ai aperçu une forme de femme qui se glissait entre les taillis du parc!... si c'était Valérie!... (*La marquise entr'ouvre un peu la porte et la referme aussitôt.*) Encore!... Plus de doutes! Valérie est là! elle m'a suivi! Elle nous écoute!

DÉSIRÉE, *à part.*

Est-ce qu'il attend encore que je lui parle... comme hier!

LE COMTE, *à part,*

Je les perds toutes deux si j'hésite! allons, de l'audace! (*Prenant une chaise et se rapprochant de Désirée.*) Asseyons-nous... et causons, mademoiselle.

DÉSIRÉE, *à part.*

Mademoiselle!

LE COMTE, *froidement.*

Vous allez trouver ma conduite bien étrange... et je conçois qu'elle doive vous paraître telle en comparant mon langage d'hier avec celui que je vais vous tenir aujourd'hui!

DÉSIRÉE, *à part.*

Quel changement!

LE COMTE.

Je passe dans le monde pour un séducteur, un homme sans principes qui ne croit à rien.. ne respecte rien et n'aime rien! mais comme Figaro, je puis le dire, je vaux mieux que ma réputation, et je vais le prouver!

DÉSIRÉE, *à part.*

Mais ce n'est pas ça... ce n'est pas ça du tout!

LE COMTE.

Hier, au bal, mes paroles ont pu vous laisser croire que j'éprouvais pour vous un sentiment, que du reste, vous êtes très-digne d'inspirer, mais qu'il m'est impossible de ressentir!

DÉSIRÉE, *à part.*

Oh! mon Dieu!

LA MARQUISE, *se montrant.*

Ai-je bien entendu! (*Elle tient un côté de la porte de manière à être entièrement invisible pour le comte.*)

DÉSIRÉE.

Mais, monsieur le comte, hier vous me disiez?...

LE COMTE.

Hier, j'étais flatté, j'en conviens, de la préférence que vous me témoigniez....

DÉSIRÉE.

Mais ce rendez-vous que vous m'avez demandé?..

LE COMTE.

C'est une faveur dont bien d'autres à ma place seraient fiers... mais moi, ma chère petite, pourquoi chercherais-je à profiter d'un avantage que je ne mérite pas ! ce serait me préparer des remords inutiles, et vous condamner à des regrets que je ne pourrais adoucir.

DÉSIRÉE.

Mais enfin, monsieur le comte... bien?...

LE COMTE.

De grâce, laissez-moi achever... car je ne vous ai fait encore qu'une demi-confidence... oui, sachez-le bien, mon cœur appartient tout entier à une femme que j'adore depuis le jour où un péril affreux m'a rapproché d'elle !...

LA MARQUISE, *à part.*

C'est moi !... je respire !

LE COMTE.

Une femme à laquelle j'ai voué toute mon existence, toutes mes pensées... tout mon amour !

LA MARQUISE, *à part.*

Heureuse Hortensia !

DÉSIRÉE, *vivement.*

Ah ! je vous en conjure, monsieur le comte, ne parlez pas ainsi !... vous ne savez pas le mal que vous me faites !

LE COMTE.

Au contraire !... je le devine !... mais le devoir m'ordonne de parler... oui, songer à trahir celle que j'aime, serait une perfidie, une lâcheté dont je sois incapable !

LA MARQUISE, *à part.*

Je triomphe !... courons assurer ma vengeance ! (*Elle disparaît.*)

DÉSIRÉE, *à part.*

Je croyais la sauver et je l'ai perdue !

LE COMTE.

Vous pleurez !... ah ! pardon des pleurs que je vous fais répandre !... (*En disant ces mots il s'est approché de la porte du jardin, et l'ouvre.*) Elle est partie ! Valérie est à moi !... à l'autre maintenant ! (*Il se rapproche de Désirée, lui prend la main, et devenant tout à coup très-gai.*) Sèche tes larmes, ma toute belle, et tourne vers moi tes jolis yeux, dont je vais d'un mot chasser la tristesse... je t'aime !... je t'aime !...

DÉSIRÉE, *avec surprise.*

Ah ! mon Dieu !

LE COMTE.

De tout ce beau discours, que je viens d'improviser... je ne pensais pas une syllabe !

DÉSIRÉE, *avec joie.*

Il serait possible !

LE COMTE.

Eh ! oui... enfant !... c'était une épreuve à laquelle je voulais soumettre ton petit cœur, afin d'être plus sûr de ta tendresse !

DÉSIRÉE.

Eh ! quoi !... cette femme que vous disiez adorer...

LE COMTE.

Bah !... une passion vaporeuse !... pure galanterie de salon...

DÉSIRÉE, *à part.*

Allons donc !

LE COMTE.

Et je donnerais dix conquêtes comme celle-là... pour être sûr de la tienne.

DÉSIRÉE.

Ainsi, cet amour qui s'était emparé de toute votre existence?..

LE COMTE.

Ma chère, cet amour-là n'existe que dans les romans! mais celui que tu m'inspires, ma belle Désirée, c'est le seul... le véritable amour... celui de tout le monde, un amour qui n'a besoin ni de grandes phrases, ni de grands sentiments. Je t'aime, parce que tu es vive, spirituelle, jolie... parce que je serais fier d'employer ma fortune à te faire briller dans le monde au rang que tu dois occuper !

AIR : *De Madame Favart.*

Arrière donc la jalousie !
Sois mon idole et mes seules amours ;
Par le caprice et par la fantaisie,
Tu régneras désormais sur mes jours.

DÉSIRÉE.

Je vous retrouve enfin tel que vous êtes !

LE COMTE.

N'aimes-tu pas mieux ce langage?

DÉSIRÉE, *avec malice et regardant le cabinet.*

Oh ! si !
Vous ignorez le bien que vous me faites
Depuis que vous parlez ainsi.

LE COMTE, *à part.*

Allons, feu don Juan ne s'en serait pas mieux tiré !

DÉSIRÉE, *à part.*

Pauvre femme ! comme elle doit souffrir !... oh ! il faut abréger son supplice !

LE COMTE.

Eh ! bien, petit lutin, voyons, sommes-nous consolée?... (*Lui pre-*

nant la main et la taille.) Mais viens donc, dis-moi donc aussi que tu m'aimes !... d'honneur, je me suis laissé prendre au filet comme un garçon de vingt ans qui sortirait du collége ! je suis fou de toi !... c'est honteux !

DÉSIRÉE, *écoutant.*

Silence !

LE COMTE.

Quoi donc ?

DÉSIRÉE.

Un bruit de voitures ! (*courant à la fenêtre.*) M. Balandier...

LE COMTE.

Ah ! diable !

DÉSIRÉE.

Ah ! fuyez par le jardin, sans qu'on vous voie... ou je suis perdue...

LE COMTE.

C'est fâcheux... cela marchait si bien !... (*à Désirée qui lui présente son chapeau et sa canne.*) Eh ! bien oui mon ange... oui... je m'éloigne... mais je te reverrai... ce soir... n'est-ce pas ?

DÉSIRÉE.

Oui... oui... ce soir... demain...

LE COMTE.

Ah ! une idée !... puisque monsieur Balandier revient... je puis revenir aussi... ouvertement, et nous trouverons bien une minute pour être ensemble !

DÉSIRÉE.

Tout ce que vous voudrez, mais partez !

LE COMTE.

Tu es charmante ! (*il l'embrasse.*)

ENSEMBLE.

AIR : *Valse de Strauss.*

On va venir ;
Pour t'obéir
Je dois te fuir,
Je dois partir.
Je me soumets,
Mais tu promets
De me revoir
Avant ce soir.

DÉSIRÉE.

On va venir ;
Pour m'obéir
Il faut me fuir,
Il faut partir.
Je vous permets,
Je le promets,

De me revoir. *(A part.)*
Perds cet espoir. *(Le comte se sauve.)*

SCÈNE IV.

DÉSIRÉE, VALÉRIE.

(Au moment où le comte disparaît la porte du cabinet se rouvre Valérie pâle et défaillante vient tomber sur une chaise.)

DÉSIRÉE, *courant à elle.*

Ah! madame! me pardonnerez-vous?

VALÉRIE.

Te pardonner!... toi, ma meilleure, ma seule amie!... *(Elle lui tend la main.)*

DÉSIRÉE.

Ah! que ce mot fait de bien à entendre... oh! oui.., votre amie!... car vous m'avez comprise, car vous savez bien que je n'aime pas cet homme... que je le méprise!

VALÉRIE.

Et pour lui j'allais sacrifier!... Désirée tu m'as ouvert les yeux... tu m'as sauvée... oh! tu es plus qu'une amie pour moi!... tu es une sœur

DÉSIRÉE.

Calmez-vous.. M. Balandier vient d'arriver... on vous verra... songez que personne ne doit se douter de ce qui s'est passé ici!

VALÉRIE, *se levant.*

Et demain, demain je verrai Ernest... mon mari!... Ah! comment ferai-je pour supporter ses regards, pour ne pas rougir et tomber à ses pieds en lui avouant ma faute!

DÉSIRÉE.

Le pauvre garçon... ce serait lui porter un coup terrible!... car il vous aime, eh!... je l'ai bien vu le jour de son départ!... Et d'ailleurs, cette faute, c'est à vous de la réparer sans qu'il s'en doute à force de tendresse!

VALÉRIE.

Oh! oui... je suis moins coupable qu'il ne pourrait le croire! J'étais éblouie... j'étais folle!... mais je t'avouerai tout; en cédant à ce funeste entraînement... j'éprouvais comme un remords, comme une douleur, quand je pensais à lui... à lui que j'allais abandonner... et pour qui, grand Dieu!... Ah! Désirée! Désirée... quel service tu m'as rendu et que ne te dois-je pas!

SCÈNE V.

LES MÊMES, BALANDIER, ERNEST, LA MARQUISE.

BALANDIER, *en dehors.*

Venez, madame la marquise, venez.

VALÉRIE.

Mon mari !

DÉSIRÉE.

Monsieur Ernest !

ENSEMBLE.*

AIR : *De la Sirène.*

ERNEST, *courant à sa femme.*

Quel bonheur ! quelle ivresse !
Dans mes bras je te presse !
Me voilà de retour !
Ah ! pour moi quel beau jour !

DÉSIRÉE, BALANDIER, LA MARQUISE.

Quel bonheur ! quelle ivresse !
Quel moment d'allégresse !
Le voilà de retour !
Pour nous c'est un beau jour.

VALÉRIE, *à part.*

Ah ! quel trouble m'oppresse !
De crainte, au lieu d'ivresse,
D'un mari, le retour
Me remplit en ce jour.

ERNEST.

Valérie ! ma chère Valérie !

BALANDIER, *la voyant.*

Ah ! bah ! ma bru à Châtillon !

LA MARQUISE.

Comment ! vous étiez ici, ma nièce ?

ERNEST, *à Valérie.*

Et moi qui te cherchais à Paris... qui me désolais de ne pas te trouver...

VALÉRIE, *troublée.*

Je ne pouvais prévoir votre retour... ce n'était que demain...

ERNEST.

Que je devais arriver ? En effet ; mais le vent semblait partager

* Balandier, la marquise, Ernest, Valérie, Désirée.

mon impatience... La traversée a été beaucoup plus rapide que je n'osais l'espérer... Nous avons gagné vingt-quatre heures... Et ce matin je descendais à l'hôtel, où les domestiques m'ont appris que tu venais de partir. Je cours chez mon père, où j'espérais te rencontrer... on ne t'avait pas vue depuis ton départ du bal... Je voulais retourner... attendre ton retour... mais mon père ne m'en laisse pas le loisir... il me fait monter en voiture, me force à l'accompagner jusqu'ici... où j'ai bien fait de le suivre, puisque te voilà ! (*Avec tendresse.*) Mais viens donc m'embrasser !... Est-ce que tu n'es pas heureuse de me revoir ?

VALÉRIE.

Oh ! si... si, bien heureuse ! mais en ce moment...

BALANDIER, *qui est remonté déposer son chapeau.* *

Elle a raison !... modère tes transports... Nous avons à nous occuper d'une affaire grave...

ERNEST.

En effet !

BALANDIER.

D'une affaire qui nous concerne tous... à laquelle est intéressé l'honneur de toute la famille.

DÉSIRÉE, *à part.*

Que veut-il dire ? (*Elle remonte.*)

VALÉRIE, *à part.* **

Que signifie ?

LA MARQUISE, *à part.*

Je vais donc être vengée !

BALANDIER, *à Désirée.*

Mademoiselle ! avant l'arrivée de ma bru, vous n'étiez pas seule ici... Il y avait un homme avec vous !

DÉSIRÉE, *à part.*

O ciel !

BALANDIER.

Un homme à qui cette nuit, dans mon bal..., au sein de mes propropres lares, vous n'avez pas craint d'accorder un rendez-vous. .

VALÉRIE, *à part.*

Tout est perdu !

DÉSIRÉE.

Mais... monsieur...

BALANDIER.

Ne cherchez pas à nier... n'ajoutez pas le mensonge à votre faute .. je sais tout... on vous guettait..., on vous a vus ensemble !

* La marquise, Balandier, Valérie, Ernest, Désirée.

** La marquise, Balandier, Désirée, Ernest, Valérie.

LA MARQUISE.

J'étais là ! tapie derrière ces rideaux !

DÉSIRÉE.

Vous, madame !... mais alors vous savez que je suis innocente...

LA MARQUISE.

Je sais, mademoiselle, que si le comte de Varennes vous a respectée, c'est qu'il l'a bien voulu, le noble gentilhomme ! c'est que son cœur appartient à une autre !

VALÉRIE, *à part.*

Grand Dieu!

LA MARQUISE.

Il s'est dérobé à la séduction... il a fui... comme défunt Joseph... mais vous n'en êtes pas moins coupable!

DÉSIRÉE.

Moi!

BALANDIER.

Tentative de séduction, non suivie d'effet... dans une maison habitée... abus de confiance... sans circonstances atténuantes, c'est abominable !... (*D'un ton plus calme.*) Aussi, vous sentez, mademoiselle, qu'il nous est impossible de laisser impunie une pareille conduite. — Allez donc faire vos préparatifs de départ... dans dix minutes vous quitterez la fabrique !

DÉSIRÉE.

Chassée !... chassée, moi !

VALÉRIE, *à part.*

Et je la laisserais accuser, quand c'est pour moi qu'elle se dévouait! Oh ! non ! non ! je dois la justifier... (*haut.*) Monsieur Balandier... *

BALANDIER.

Pardon, ma bru... je n'écoute rien !... Je comprends votre générosité... mais elle n'en est pas digne...

VALÉRIE.

Mais...

LA MARQUISE.

Laissez, ma nièce... il faut faire un exemple !

ERNEST.

Et moi qui ai été le premier, il y a trois mois, à parler en sa faveur... à intercéder pour elle... je suis le premier aujourd'hui à demander son renvoi.

DÉSIRÉE, *à part.*

Et c'est lui !... lui qui m'accuse !

ERNEST.

Il y a dans cette maison une jeune femme qui honorait mademoiselle de sa confiance, de son amitié et dans son intérêt, dans celui

* La marquise, Balandier, Valérie, Ernest, Désirée.

de sa réputation, je dois faire cesser des relations qui pourraient lui devenir funestes.

VALÉRIE.

Monsieur !

ERNEST.

N'insistez pas, chère amie, il m'en coûte de me montrer sévère, mais il faut qu'elle parte !

LA MARQUISE.

Certainement !

VALÉRIE, *à part.* *

Partir !... elle !... Eh ! bien, non, je ne le souffrirai pas... et puisque l'on m'y force... (*à Ernest.*) Eh ! bien ! monsieur, sachez donc..

DÉSIRÉE, *vivement.*

Madame !.. Ah ! je vous en conjure, n'ajoutez pas un mot... votre mari vient de vous le dire : C'est pour vous... c'est dans votre intérêt qu'il faut que je sorte de cette maison... Eh ! qu'importe, après tout l'honneur d'une pauvre fille ? qu'est-il auprès du vôtre... du vôtre qui aurait à souffrir de ma présence... Je ne suis rien, moi, madame... et vous .. vous êtes mariée !.. Je n'ai que mon bonheur à perdre... et vous, vous avez votre réputation à garder... Laissez-moi m'éloigner.. laissez à ma mère, qui est là-haut, le droit de me pardonner et de m'absoudre...

VALÉRIE.

Quoi ! tu voudrais?...

DÉSIRÉE, *l'interrompant.*

Je veux, madame, que vous viviez heureuse, estimée...

AIR : *Des 20 sous de Périnette.*

Ah ! quels que soient les regrets,
Qu'ici mon départ excite,
Que tout scrupule vous quitte,
Rappelez-vous ces bienfaits,
Ces dons sur ma pauvre mère,
Par la vôtre répandus:
Et de mon sort sur la terre
Alors ne me plaignez plus !
Oui, je bénis mon partage,
Puisqu'au prix de mon bonheur,
Ma mère, à ton saint héritage,
Aujourd'hui je puis faire honneur !

VALÉRIE, *à part.*

Oh ! mon Dieu ! que faire? que résoudre ?

* Désirée, Valérie, Ernest, la marquise, Balandier, remontés au fond et examinant.

BALANDIER, *à part.*

Elle m'attendrit malgré moi.

LA MARQUISE.

Monsieur Balandier !

BALANDIER.

C'est vrai... je dois être inflexible !

DÉSIRÉE, *à Balandier.*

Dans quelques instants, monsieur, je viendrai vous rendre mes comptes... et je quitterai pour toujours la fabrique. (*Elle sort par le fond.*)

SCÈNE VI.

LES MEMES, *moins* DÉSIRÉE, ISIDORE. *

ISIDORE, *qui est entré pendant les derniers mots.*

Quitter la fabrique ! qu'est-ce que je viens d'entendre !

TOUS.

Isidore !

ISIDORE.

Moi-même... qui retournais à Paris par le chemin de traverse... qui de loin ai reconnu petit frère dans la voiture... et qui m'en revenais tout joyeux pour l'embrasser.

ERNEST, *lui tendant la main.*

Mon bon Isidore !

ISIDORE.

Minute ! je t'embrasserai plus tard ! Répondez-moi d'abord, que signifient ces mots que Désirée a dits en partant ?

BALANDIER.

Ça signifie... ça signifie qu'elle s'en va .. que je la chasse !

ISIDORE.

Chasser Désirée !... mais pourquoi ?... pourquoi ?

BALANDIER.

Parce que c'est une petite malheureuse qui nous trompait tous !

ISIDORE.

C'est faux !

LA MARQUISE.

Une petite hypocrite qui a des intrigues !

ISIDORE. **

C'est archi-faux !

* La marquise, Balandier, Isidore, Ernest, Valérie, assise,

** La marquise, Isidore, Balandier, Ernest, Valérie.

BALANDIER.

Parce qu'enfin, ici même, il y a une heure, elle avait un rendez-vous !

LA MARQUISE.

Un rendez-vous d'amour !

ISIDORE.

Ah ! silence, la vieille !

LA MARQUISE, *outrée.*

La vieille !

ISIDORE.

C'est à papa que je m'adresse... et je vous sèvre de la parole !

LA MARQUISE.

Insolent !... je vous apprendrai...

ISIDORE.

Je ne veux rien entendre... rien savoir de vous ! accuser Désirée, cristi !.. renvoyer Désirée, cristi !.. Et vous croyez que je tolèrerai ça !

BALANDIER.

Tu n'as pas le droit de t'y opposer... Je te répète qu'elle est coupable !

ISIDORE.

C'est un mensonge ! une calomnie !

ERNEST.

Non, mon frère. Il m'en coûte de t'affliger, mais Désirée n'est plus digne de ton amour, de ton estime, ce matin même elle a reçu ici le comte de Varennes.

ISIDORE.

Le comte de Varennes, c'est impossible !

LA MARQUISE.

Je l'ai vu !

ISIDORE, *avec force.*

Encore une fois vous n'avez pas la * parole ! (*Aux autres.*) Je vois c'que c'est, on veut éluder nos conventions... me faire renoncer à mon mariage...

VALÉRIE, *à part.*

A son mariage !

ISIDORE.

Mais on n'y parviendra pas ! Il aura lieu !

BALANDIER.

Jamais !

ISIDORE.

Et moi je vous dis que si !.. car elle est innocente, j'en réponds... et le prouverai !

* La marquise, Balandier, Isidore, Ernest, Valérie, toujours assise.

BALANDIER.

Toi ?

ERNEST.

Et comment ?

ISIDORE.

Comment ?... D'une manière victorieuse, triomphante... En vous mettant sous les yeux des preuves auxquelles vous serez forcés de croire.

BALANDIER.

Des preuves?

ISIDORE.

Oui, des preuves, et des solides, et des soignées !...

VALÉRIE, *à part.*

Que signifie ?

ERNEST.

Parle, explique-toi !

BALANDIER.

Quelles sont ces preuves ?

ISIDORE.

Son journal !

TOUS. *

Son journal ?

ISIDORE.

Eh bien ! oui, apprenez que Désirée a depuis longtemps l'habitude d'écrire chaque soir, ses pensées, ses actions de la journée... Ces mémoires, écrits en secret et pour elle seule, sont l'expression de son âme, c'est sa confiance devant Dieu... et l'on ne peut douter de leur véracité ! Eh bien ! ils sont là... dans cette armoire... je vais vous les montrer !

AIR : *De l'Anonyme.*

Quand d'ces mémoir', dont j'connais l'existence,
Dont un hasard m'révéla les secrets,
Je puis m'servir en cette circonstance
Pour la sauver... eh ! quoi !... j'hésiterais !
Non, pauvre enfant, tu me pardonneras peut-être,
Aux yeux de tous d'oser les confier ?
Ils m'ont appris à t'aimer, à te connaître,
Ils vont servir à te justifier.

(*Allant à l'armoire, qu'il ouvre brusquement.*)

Tenez... tenez... écoutez plutôt. (*Prenant les papiers.*) Oui...

* La marquise, Balandier, Isidore, Valérie, qui s'est levée précipitamment et est allée à Isidore, Ernest.

voilà... voilà la page que je n'ai pu achever ce matin. (*Lisant.*) « Samedi... c'est cela! — Cette nuit... M. Isidore m'a fait, pendant » le bal, l'aveu de son amour, et, quelques instants après... » (*S'arrêtant avec émotion.*) Grand Dieu! qu'ai-je lu!

TOUS.

Eh bien?

ISIDORE, *lentement.*

« M. le comte de Varennes m'a demandé un rendez-vous que j'ai » accordé!... »

VALÉRIE, *prenant vivement les mémoires des mains d'Isidore.*

Donnez!

ISIDORE, *se laissant tomber sur une chaise, à gauche.*

Ah! c'est affreux!

ERNEST, *passant à lui.*

Mon frère!

VALÉRIE, *parcourant les mémoires, à part.*

Et rien!... pas un mot qui m'accuse.

BALANDIER.

Est-ce clair?

LA MARQUISE.

Vous voyez qu'elle est coupable.

ISIDORE, *accablé.* *

Coupable... elle!... oh! j'en mourrai, j'en mourrai!

SCÈNE VII.

LES MÊMES, DÉSIRÉE. **

DÉSIRÉE, *entrant avec un registre, à Balandier.*

Je vous rapporte vos livres, monsieur, vous pouvez vérifier...

BALANDIER, *le prenant.*

C'est bien!... Maintenant, mademoiselle, nous vous laissons; faites vos préparatifs de départ.

DÉSIRÉE, *voyant Isidore.*

Ah! et lui aussi... on lui a tout dit... et il m'accuse!

ISIDORE, *à part.*

Et moi qui, ce matin encore, quand on frappait à cette porte, suis parti avec confiance... c'était lui qu'elle attendait!

* Isidore va s'asseoir, Ernest va le consoler, la marquise et Balandier au fond, Valérie à la table et écrivant.

** Isidore, Ernest, Désirée, Valérie à la table, Balandier et la marquise au fond.

BALANDIER.

Allons, partons! (*Il va pour s'éloigner en faisant signe aux autres de le suivre.* *

VALÉRIE (*qui, depuis le commencement de la scène, s'est placée a la table et a écrit sur le journal, se levant tout à coup.*)

Arrêtez!

TOUS.

Quoi donc?

VALÉRIE.

Désirée, je n'accepte pas votre généreux sacrifice...

TOUS.

Que dit-elle?

ERNEST.

Un sacrifice?

VALÉRIE.

Vous venez de lire ces mémoires qui la condamnent...

DÉSIRÉE.

Mon journal?

VALÉRIE

Mais ils ne renfermaient qu'une partie de la vérité... et moi je viens d'écrire l'autre.

DÉSIRÉE.

Grand Dieu!

VALÉRIE, *à Ernest.*

Lisez, monsieur, lisez.

DÉSIRÉE.

Que faites-vous, madame?

VALÉRIE.

Mon devoir.

ERNEST.

Que signifie? (*Lisant.*) « M. de Varennes m'a demandé un rendez-» vous que j'ai accordé. C'était pour sauver la fille de ma bienfai-» trice... une pauvre femme que l'absence de son mari avait laissée » sans soutien... qu'un moment d'égarement allait perdre... (*Regardant Valérie qui, pendant cette lecture, est tombée à ses pieds.*) Vous, Madame!

LA MARQUISE.

Ma nièce!

BALANDIER.

Valérie!

ISIDORE, *courant à Désirée.* **

Oh! pardonnez-moi, Désirée.

* Désirée, Ernest, Valérie, la marquise, Balandier, Isidore, au fond, examinant la scène.

** Isidore, Désirée, Ernest, Valérie, la marquise, Balandier.

VALÉRIE, *tremblante, à Ernest.*

Achevez, monsieur, achevez !

ERNEST, *continuant.*

« Grâce à ce rendez-vous, elle a pu reconnaître l'étendue de sa » faute. C'est à la réparer qu'elle veut consacrer toute sa vie. » (*à Valérie.*) Eh ! quoi ! vous me trompiez ?

BALANDIER. *

Qui l'eût cru !

LA MARQUISE.

Jour de Dieu !

ISIDORE, *bas.*

Eh ! ben papa ! cette demoiselle si noble, si bien élevée, la v'là aux genoux de son mari... et la grisette, l'ouvrière que vous repoussiez, c'est elle qui l'a sauvée.

BALANDIER.

C'est vrai ! j'avais tort !

ISIDORE.

Je vous pardonne, papa... mais que ça ne vous arrive plus !

ERNEST, *à Valérie.*

Relevez-vous, madame... Ce n'est pas vous qui êtes la plus coupable... c'est lui... le faux ami qui s'est joué de ma confiance... mais que je saurai punir !

VALÉRIE, *effrayée.*

Un duel !

DÉSIRÉE. **

Ah ! monsieur ! qu'allez-vous faire, un éclat qui perdrait votre femme !

VALÉRIE.

Ah ! si vous me croyez digne de pardon... si vous croyez à mon repentir... renoncez à ce funeste projet !

ERNEST.

Eh ! bien ! soit ! Pour vous, madame, pour votre réputation, j'imposerai silence à ma colère... mais demain je pars... je quitte la France !

TOUS.

Partir ?...

VALÉRIE.

Me quitter !

LE COMTE, *en dehors.*

Comment !... tout le monde ici !...

* Balandier remonte, Désirée, Isidore, Balandier Ernest, Valérie, la marquise.

** Balandier, Isidore, Désirée, Ernest, Valérie, la marquise.

ERNEST, *avec fureur.*

Le comte!...

VALÉRIE.

Ernest!..

BALANDIER.

Mon fils!

ERNEST.

Ne craignez rien!... je saurai me contenir!

SCÈNE VIII.

LES MÊMES, LE COMTE.

LE COMTE, *entrant gaîment.* *

Eh! quoi! mon cher Ernest, vous voilà de retour!... J'accours de Paris pour vous serrer la main!

ISIDORE, *à part.*

Quel toupet! Comme j'aurais du plaisir à lui bris er trois côtes!

ERNEST, *d'un ton contraint.*

Merci de cet empressement, monsieur, vous le voyez, nous sommes en famille.

ISIDORE.

Oui, en famille!... (*Prenant Désirée par la main.*) J'ai l'honneur de vous présenter mon épouse!

LE COMTE.

Désirée!

DÉSIRÉE.

Depuis longtemps je l'aime, monsieur. (*Avec intention.*) Je n'aime que lui!

LE COMTE, *avec dépit.*

C'est bien!... c'est très bien!... Ah! vous vous mariez?

ISIDORE.

Je ne vous retiens pas pour être parrain de not' premier... J'ai déjà fait mes invitations!

LE COMTE, *à part.*

Elle m'a joué!... Allons c'est une qui m'échappe!

ERNEST.

Du reste... vous monsieur le comte, qui portez tant d'intérêt à notre maison... vous qui savez si bien remplir les devoirs de l'amitié, j'aurais été désolé de repartir sans vous avoir remercié comme je le dois!

* Balandier, Désirée, Isidore, le comte, Ernest, Valérie, la marquise.

LE COMTE, *à part.*

Qu'a-t-il donc? (*Haut.*) Comment, vous repar z

ERNEST.

Oui, des raisons graves m'obligent d'abréger mon séjour ci... Je retourne dès demain à mon poste...

LE COMTE.

Sitôt!... et seul?

ERNEST.

A moins que ma femme ne consente à m'accompagner.

VALÉRIE.

Quoi! moi! Partir avec vous... Ah! c'est mon désir le plus cher!... Où puis-je être plus heureuse qu'auprès de mon mari!

ERNEST.

Vous entendez, monsieur!

LE COMTE, *à part.* *

Elle aussi!... Ah ça, est-ce qu'elles s'étaient donné le mot!...

BALANDIER, *bas au comte.*

Dites donc, cher ami, votre système n'est pas toujours infaillible. Les femmes et les lièvres... ça se ressemble un peu...

LE COMTE, *avec dépit.*

Monsieur!...

BALANDIER.

Calmez-vous... j'ai un dédommagement à vous proposer... une femme charmante... qui est folle de vous!

LE COMTE, *cherchant à sourire.*

Vraiment?... et qui donc?

BALANDIER.

La marquise de Pontvolant!

LE COMTE, *avec une grimace.*

Ah!

LA MARQUISE, *à part.*

Il m'a regardée... il me reviendra!

* Isidore, Désirée, Valérie, Ernest, au fond, Balandier, le comte, la marquise.

FIN.

Poissy. — Imp. G. OLIVIER.

CHEZ LES MÊMES ÉDITEURS

ŒUVRES COMPLÈTES

DE PAUL FÉVAL

Format in-18 anglais à 2 fr. le vol. — Chaque vol. se vend séparément.

EN VENTE

LE FILS DU DIABLE

Ouvrage complet en 4 volumes, 8 fr.

SOUS PRESSE

Les Mystères de Londres . . . . 5 volumes.
Les Amours de Paris . . . . . . 2 —

EN PRÉPARATION

La Quittance de minuit . . . . . 2 volumes.
Les Fanfarons du Roi . . . . . . 1 —
La Forêt de Rennes . . . . 1 —
Fontaine aux Perles . . . . 1 —
Le Mendiant noir . . . . 1 —
Le Père Job . . . . 1 —

THÉATRE COMPLET

DE VICTOR HUGO

UN BEAU VOL. GRAND IN-8, ORNÉ DU PORTRAIT DE VICTOR HUGO

et de six gravures sur acier, d'après les dessins de MM. Raffet, L. Boulanger, J. David, etc.

Prix : 8 francs.

Chaque pièce se vend séparément 75 cent.

Hernani. — Marion de Lorme. — Le Roi s'amuse. — Lucrèce Borgia. — Marie Tudor. — Angelo. — Ruy Blas. — Les Burgraves. — La Esmeralda.

PARIS. — TYP. LACRAMPE FILS ET COMP., RUE DAMIETTE 2.

www.ingramcontent.com/pod-product-compliance
Ingram Content Group UK Ltd.
Pitfield, Milton Keynes, MK11 3LW, UK
UKHW021106270726
13993UKWH00006B/1037